Brasilidades

Reinhard Pfeiffer

fotos de Georgia Zeringota

Brasilidades
Comida reconfortante com um toque de chef

Cozinhar é um ato de inspiração. De dedicação. De intuição.
Cozinhar não deve ser mecânico, e sim vir da alma. Cozinhar
é o buscar constante, é olhar para dentro de nós e buscar
respostas. Também nos ensina a viver, a respeitar o próximo, a
servir de forma humilde e despretensiosa.

Agradeço a Deus e dedico este livro à minha família, à nossa
querida Rosa, ao Brasil, aos agricultores familiares, aos meus
mestres, aos meus colegas de profissão e aos meus amigos.

Ao querido e saudoso Dr. Sérgio Augusto Leoni, que, graças à
sua visão de mundo e ao amor pelo patrimônio cultural de um
lugar, lutou para preservar e tombar a cidade da Lapa, onde
moro. Graças a pessoas como ele, hoje posso mostrar minha
cultura para outros povos e outras gerações.

Por fim, meu muito obrigado à Editora Alaúde por ter
acreditado no meu trabalho.

sumário

Apresentação   8
por Mara Salles

Introdução   10

Receitas básicas   14

Para refrescar a alma   21
Saladas para dias quentes

Para renovar as forças   43
Bebidas para qualquer hora

Para esquentar o coração   53
Sopas e ensopados para dias frios

Para abrir o apetite   79
Comidinhas de dar água na boca

Para alimentar o corpo   107
Pratos para um, dois ou a família inteira

Para adoçar o paladar   151
Doces e sobremesas de comer ajoelhado

Índice remissivo   198

apresentação

Entendo como comida saudável toda a gama de comida que, além de restaurar nossas energias, é fresca ou quentinha, apetitosa, preparada com esmero e bons produtos e que é capaz de nos emocionar. Pode ser um bife de mãe, uma sopa de legumes com aveia ou um brilhante doce de abóbora. Nossa saúde e bem-estar estão longe de se pautarem apenas pelo equilíbrio de nutrientes mensuráveis. Também nos nutrem a memória afetiva, o prazer de descobrir um sabor novo ou o compartilhar de uma mesa farta com pessoas queridas.

Os males da humanidade não são meramente físicos e isso, por exemplo, explica o extraordinário poder de um simples chá na cura de dores que não se justificam. O remédio está mais nas mãos de quem gentilmente prepara e oferece do que no conteúdo da xícara.

Conheci o autor deste livro num spa onde, voluntariamente e por um breve tempo, me submeti à experiência de dar uma trégua à comilança que nosso ofício deliciosamente nos impõe.

Antes dele conheci sua comida. Era de se supor que havia as mãos de um cozinheiro generoso na cozinha daquele lugar de restrições, fazendo chegar à nossa mesa uma comida esmerada, fumegante e muito apetitosa. Dadas às circunstâncias, pouca!

8 | BRASILIDADES

Foi a comida e o Brasil que nos aproximaram. Reinhard é sulista, falante e determinado. Tem alma e sotaque interioranos e uma inquietação atual que não deixa escapar nada. Assim como eu, ele teve suas primeiras aulas de gastronomia no campo e nunca se desgarrou de valores como uma pequena plantação orgânica ou o sabor de uma fruta colhida na época.

Seu livro tem esse frescor e essa verdade. As imagens são belas e puras, sem filtro. Mas para que filtros? Para que artifícios, se a luz de junho é plena e se os produtos usados nos pratos são os que estavam no seu melhor momento?

Apesar da simplicidade, as receitas deste livro revelam a criativa e despretensiosa cozinha de Reinhard, que se especializou em preparar os vegetais, os alimentos integrais e as frutas frescas – preterindo carnes, açúcares e que tais – sem radicalismos e sem fazer alarde de suas convicções.

Mara Salles
chef e fundadora do restaurante Tordesilhas, em São Paulo

introdução

A gastronomia me encontrou quando eu atuava como publicitário. Apesar de já ter uma carreira estabelecida na propaganda, o chamado foi mais forte e decidi me aventurar entre panelas e fogões.

Meu começo, como o de muitos cozinheiros, não foi fácil: para pagar meu curso no Centro Europeu, em Curitiba, trabalhei carregando caixas e caixas de mise-en-place para os chefs e professores, ajudando-os a montar as aulas, o que me proporcionou valiosas experiências práticas. Logo consegui um estágio no Costão do Santinho, em Florianópolis, um renomado resort onde tive a primeira oportunidade de mostrar o que eu sabia.

Algum tempo depois, minha irmã escreveu um livro de receitas chamado *A cozinha vegetariana de Astrid Pfeiffer* e me convidou para colaborar no capítulo das saladas. Minhas orientações não poderiam ter sido mais específicas: receitas sem carne, sem glúten e sem lactose, sem produtos industrializados, tudo saudável. Para alguém como eu, com formação em cozinha internacional – principalmente europeia –, foi um desafio e tanto.

Pesquisei muito, testando inúmeras receitas e preparações até chegar a pratos que fossem ricos em sabor, mas pobres em calorias, como minha irmã tinha pedido. Foi uma experiência incrível, ainda mais porque tive a oportunidade de fazer o food styling para as fotos. O resultado não poderia ter sido melhor: em 2012, o livro foi eleito pelo Gourmand World Cookbook Awards como o melhor livro de cozinha vegetariana do Brasil e o segundo melhor do mundo.

Não se passou muito tempo, recebi o convite para trabalhar em um dos mais renomados spas do mundo, o Lapinha, no Paraná. Foi o início da virada em minha carreira: os pratos eram minha tela em branco, prontos para refletir todas as cores e os sabores que a minha criatividade imaginasse.

Optar por uma gastronomia que alimenta e faz bem foi um caminho sem volta. Uma gastronomia que, além de empregos, gera saúde para as pessoas. A partir do momento que compramos alimentos frescos e nos dedicamos cada vez mais a cozinhá-los, o poder está em nossas mãos. Não precisamos deixar que a indústria alimentícia determine o que comemos nem permitir que sejamos envenenados pelos agrotóxicos em nossa comida. Não podemos permitir também que os ingredentes que contam a nossa história desapareçam.

O movimento Slow Food prega que o alimento deve ser bom (saboroso, fresco, sazonal), limpo (produzido sem causar danos aos recursos da terra, sem prejudicar a saúde humana) e justo (porque oferece adequada remuneração e condições decentes de trabalho para todos os envolvidos na cadeia de fornecimento, desde a produção até a comercialização e o consumo). E é nisso em que acredito. Que devemos lutar contra o abandono das culturas tradicionais, contra a padronização dos métodos produtivos, contra o domínio das multinacionais do ramo alimentar, contra a agressão dos transgênicos. Que devemos nos empenhar para utilizar produtos locais de qualidade e estimular a sua produção.

Uso apenas ingredientes naturais, de preferência locais e sazonais. Em meu restaurante, apesar de não servir apenas pratos vegetarianos, preparo todos os pratos da forma mais saudável possível. Temos uma horta orgânica para abastecer nossa despensa e procuramos sempre empreender ações de conscientização quanto à sustentabilidade e à valorização regional.

Espero que você goste destas receitas e desfrute bastante de seus momentos na cozinha.

Um abraço,
Reinhard Pfeiffer

Receitas básicas

Todo cozinheiro que se preze tem seus truques, e comigo não é diferente. Depois de tantos anos entre panelas e caldeirões, desenvolvi algumas receitas que são verdadeiros curingas e que todo mundo precisa conhecer. São preparações fáceis que vão trazer mais sabor aos seus pratos.

Conserva de legumes

Você pode escolher os de sua preferência, mas nunca use ingredientes crus para que não fermentem dentro do pote e estraguem a receita. Adoro usar minilegumes e servi-los acompanhados de ovinhos de codorna cozidos, é perfeito! Se você preferir o sabor menos ácido diminua a quantidade de vinagre pela metade e complete com água filtrada.

Rendimento: 1 pote (500 ml) | **Tempo de preparo:** 1 hora

600 g de minilegumes da estação (cebola, alho, cenoura, brócolis, couve-flor, batata bolinha, cogumelo, pontas de aspargo)

1 colher (sopa) de sal

1 colher (sopa) de açúcar

1 colher (chá) de orégano seco

4 folhas de louro

1 ramo de alecrim fresco

um punhado de folhas de manjericão

pimenta calabresa a gosto

¾ de xícara de vinagre de vinho branco

¾ de xícara de azeite de oliva extra virgem

1 Prepare os legumes: descasque as cebolas e os dentes de alho, retire os talos das cenouras, separe os brócolis e a couve-flor em pequenos floretes e lave bem as batatas bolinha e os cogumelos.

2 Encha uma panela de aço inoxidável grande com água e leve ao fogo alto. Quando ferver, reduza para fogo baixo e cozinhe os legumes aos poucos, até ficarem al dente, primeiro os de textura mais firme, acrescentando aos poucos os mais macios. O nível de líquido deve ficar dois dedos acima dos legumes; durante o cozimento, complete com mais água quente se necessário.

3 Comece pelas batatas bolinha e minicenouras. Depois, junte as cebolas e cozinhe por mais alguns minutos. Coloque os brócolis, a couve-flor e os dentes de alho. Adicione então os cogumelos e cozinhe por 20 minutos, para que eles não fermentem dentro do vidro (para saber se já estão cozidos, coloque um cogumelo em um copo com água fria; se afundar, está pronto). Por fim, junte as pontas de aspargo, tempere com o sal e o açúcar e deixe ferver novamente. Desligue o fogo e deixe amornar.

4 Arrume os legumes no pote de vidro esterilizado (ver dica), intercalando com as ervas e temperando com pimenta. Junte o vinagre e depois o azeite, deixando um espaço de 2 cm. Arrume o pote em um caldeirão e complete com água até a metade da altura. Ferva por 15 minutos e desligue.

5 Depois que o pote esfriar um pouco, retire-o da panela com cuidado e apoie sobre um pano limpo. Pressione os legumes delicadamente e dê leves batidinhas no pote para eliminar bolhas de ar. Feche com tampa de rosquear e vede bem. Coloque-o de cabeça para baixo sobre o pano e espere esfriar. Confira se não há vazamentos e armazene por 1 semana antes de abrir. Consuma em até 3 semanas.

> Para esterilizar recipientes, lave-os com água quente e sabão e enxague-os com mais água quente. Forre uma das grelhas do forno com um pano limpo e arrume os potes, sem tampa, deitados um ao lado do outro. Aqueça a 110 °C por 20-30 minutos, pouco antes de utilizá-los. Eles devem estar quentes na hora em que forem enchidos.

Granola salgada

Uma ótima opção para incrementar as mais diferentes saladas, com a vantagem de dar sabor com menos sal. Sempre levo muita granola salgada em viagens, pois se conserva crocante por semanas.

Rendimento: 150 g | **Tempo de preparo:** 10 minutos

2 colheres (sopa) de semente de girassol sem casca

1 colher (sopa) de semente de abóbora sem casca

1 colher (sopa) de soja em grãos

½ colher (sopa) de gergelim branco

½ colher (sopa) de gergelim preto

1 colher (chá) de quinoa em flocos

1 colher (chá) de linhaça dourada

1 colher (chá) de farinha de centeio

1 colher (chá) de gérmen de trigo tostado

1 colher (chá) de amaranto em flocos

½ colher (chá) de azeite de oliva extra virgem

½ colher (chá) de flor de sal

3 colheres (sopa) de flocos de milho orgânicos sem açúcar

RECEITAS BÁSICAS

1 Preaqueça o forno a 180 °C.

2 Em uma assadeira grande, espalhe todos os cereais e as sementes (menos os flocos de milho) e leve para assar por 5 minutos, revolvendo os grãos com uma espátula para não queimar. Deixe esfriar um pouco.

3 Transfira a mistura de grãos da assadeira para uma tigela, regue com o azeite e tempere com o sal. Acrescente os flocos de milho. Use em saladas frias ou mornas, como o Coração de alface grelhado com vinagrete de alho, na p. 26. Guarde em potes fechados fora da geladeira por até 4 semanas.

> Se não conseguir encontrar soja torrada pronta, é fácil preparar em casa. Basta hidratar os grãos por 12 horas, descartando a água depois desse tempo. Leve ao forno preaquecido a 180 °C por 20 minutos, revolvendo os grãos com uma espátula na metade do tempo, para não queimarem. Espere esfriar bem e guarde em potes tampados.

Molho de limão e canela

Este molho, que oferece umidade e sabor, é ideal para borrifar levemente nas saladas, antes de utilizar um dos molhos de sua preferência. Costumo usar mel nativo de Guaraqueçaba, cidadezinha no litoral do Paraná, mas o de flor de laranjeira também fica ótimo.

Rendimento: ½ xícara | **Tempo de preparo:** 5 minutos

⅓ de xícara de azeite de oliva extra virgem

1 colher (sopa) de mel

suco e raspas finas de 1 limão-tahiti

½ dente de alho amassado

uma pitada de canela em pó

sal marinho a gosto

1 Coloque todos os ingredientes, exceto o sal, em um recipiente de vidro com tampa de rosquear. Feche bem e agite o vidro energicamente, até que todos os ingredientes se combinem em um molho cremoso. Tempere com sal.

Caldo de legumes

Um bom caldo é feito com cascas e pontas de legumes, podendo levar também talos e folhas. As hortaliças que mais uso são salsão, alho-poró, cenoura e cebola, mas também fica ótimo incluir couve-flor, brócolis, abobrinha, mandioquinha, batata... Cogumelos frescos, então, dão um toque silvestre excelente. Não pode faltar também um buquê garni com suas ervas preferidas; as minhas são tomilho, louro fresco, salsinha e sálvia.

Rendimento: 2 litros | **Tempo de preparo:** 2 horas

2 talos de salsão com as folhas

1 alho-poró pequeno com as folhas

1 cenoura grande

2 tomates

1 cebola

4 folhas de louro

8 cravos-da-índia

3 galhos de tomilho

2 ramos de sálvia

1 ramo de salsinha

1 ramo de manjericão

2,5 litros de água mineral

1   Corte o salsão, o alho-poró e a cenoura em pedaços grandes. Corte o tomate e a cebola em quatro. Envolva cada pedaço de cebola com uma folha de louro e espete os cravos para fixar a folha. Amarre as ervas em um maço, usando barbante de cozinha.

2   Transfira as hortaliças preparadas para um caldeirão grande e cubra com a água. Leve o caldeirão ao fogo alto até ferver. Depois, reduza o fogo e cozinhe por pelo menos 1h30. Deixe a panela semitampada.

3   Espere esfriar bem e coe. O caldo já está pronto para ser utilizado em sopas e risotos. Caso queira um caldo mais concentrado, leve de volta ao fogo baixo e cozinhe até reduzir pela metade.

RECEITAS BÁSICAS | 17

Leite vegetal

É possível fazer leite de diversos tipos de oleaginosas, como nozes, pecãs, amêndoa, gergelim, amendoim, castanha de caju, semente de girassol, macadâmia, avelã, pistache... O importante é que estejam cruas (sem torra e sem sal). Para tirar a pele, basta ferver e eliminá-la. As oleaginosas podem ser utilizadas sozinhas ou combinadas para um sabor ainda mais intenso.

Rendimento: 1 litro | **Tempo de preparo:** 15 minutos (mais o tempo de demolha)

150 g de oleaginosas de sua preferência
2 xícaras de água filtrada quente
1 colher (sopa) de linhaça (opcional)

1   Lave a oleaginosa escolhida e deixe de molho em água fria por 8 a 12 horas. O processo elimina as toxinas naturais, que são as defesas do alimento contra predadores prejudiciais ao nosso organismo. Por essa razão, a água desta etapa deve ser descartada.

2   Passado esse tempo, escorra, transfira para o liquidificador e cubra com a água quente. Bata por 3 a 4 minutos, até obter um leite bem homogêneo. Se quiser, adicione a linhaça e bata por mais 2 minutos.

3   A próxima etapa é coar o leite com a ajuda de um pedaço de tecido fino, como musselina ou algodão, por exemplo. Forre um coador com o tecido e passe o leite, apertando bem para extrair todo o líquido. Repita o procedimento mais duas ou três vezes para obter um leite bem liso e homogêneo.

4   Conserve sempre em geladeira e use em preparações frias, pois se o leite for aquecido poderá ficar com gosto rançoso. Na hora de consumir, adoce com mel ou bata com tâmaras ou raspas de fava de baunilha. Acrescente canela em pó ou cacau em pó para variar o sabor. Use o resíduo que restar no pano para incrementar saladas de folhas ou de frutas, em bolos, pães e smoothies.

É possível também preparar leite de coco em casa. Rale 1 coco fresco, mas não use metal para evitar a oxidação. Coloque o coco ralado em uma panela, cubra com 1 litro de água e leve ao fogo alto. Depois que ferver, reduza para fogo baixo e cozinhe por 40 minutos. Passado esse tempo, transfira tudo para o liquidificador e bata por 5 minutos. Coe com um pano de algodão bem limpo, como descrito no passo 3 acima.

Para refrescar a alma

Saladas para dias quentes

Brotos ao perfume de limão-cravo

O charme desta salada é misturar diversos tipos de verdura, servindo as folhas tenras dos brotos ao lado de folhas mais crocantes, como a endívia. Os legumes baby são o complemento perfeito para esse mix verde.

Rendimento: 1 porção | **Tempo de preparo:** 10 minutos

½ xícara de alface precoce crespa
½ xícara de alface precoce lisa
½ xícara de alface roxa
½ xícara de agrião precoce
½ xícara de folhas de beterraba precoce
½ xícara de endívia roxa
½ xícara de brotos de girassol
½ xícara de brotos de feijão
½ xícara de cenoura baby
⅓ de xícara de castanha-do-pará
1 colher (sopa) de azeite de oliva extra virgem
suco de 1 limão-cravo

1 Coloque todas as folhas na travessa de servir e mescle-as delicadamente. Disponha os brotos, a cenoura e a castanha-do-pará sobre as folhas, arrumando-os de forma harmoniosa.

2 Regue a salada com o azeite e o suco de limão. Sirva com o molho de sua preferência; se quiser, escolha uma das opções das páginas 34 a 39.

PARA REFRESCAR A ALMA

Ceviche de legumes ao leite de coco

O ceviche certamente se tornou uma das receitas mais populares dos últimos anos. Os cinco ingredientes básicos são suco de limão, pimenta dedo-de-moça, coentro, cebola roxa e peixe cru, mas aqui criei uma versão vegetariana utilizando algas para dar o toque marinho no lugar do peixe. Versões mais exóticas levam flores e mel e ficam uma delícia. Experimente criar a sua!

Rendimento: 4 porções | Tempo de preparo: 30 minutos

8 cogumelos-de-paris frescos cortados em lâminas

1 xícara de palmito pupunha cortado em tiras finas

2 minimilhos em conserva cortados em rodelas

2 aspargos verdes cozidos al dente no vapor

½ cebola roxa pequena cortada em meia-lua

pimenta dedo-de-moça sem sementes
  bem picada a gosto

8 pimentas biquinho em conserva

2 filetes de alga codium picados

uma pitada de gengibre sem casca ralado

1 colher (chá) de coentro fresco picado

4 colheres (sopa) de leite de coco (p. 18)

1 colher (sopa) de azeite de oliva extra virgem

suco de 3 limões-sicilianos orgânicos (sem casca
  encerada)

sal do Himalaia ou outro tipo de sal gourmet a gosto

Para finalizar

1 batata-doce cortada em lâminas finas

8 folhas de alfavaca ou manjericão

6 castanhas-do-pará torradas e cortadas em lascas

½ xícara de banana-da-terra cortada em rodelas

1 Preaqueça o forno a 150 °C. Se o seu forno não chegar a uma temperatura tão baixa, deixe a porta entreaberta.

2 Coloque em uma saladeira o cogumelo, a pupunha, o minimilho e o aspargo e misture delicadamente. Acrescente a cebola, os dois tipos de pimenta, a alga, o gengibre e o coentro e reserve.

3 Em uma tigelinha, misture o leite de coco, o azeite e o suco de limão e bata bem até emulsionar. Regue os legumes com esse molho e leve tudo à geladeira para marinar durante 1 hora. Passado esse tempo, prove e acerte o sal.

4 Enquanto isso, arrume as lâminas de batata-doce em uma assadeira, formando uma única camada. Borrife um pouco de azeite e leve ao forno por 20 minutos, virando as fatias na metade do tempo. Retire do forno e deixe esfriar.

5 Na hora de servir, divida o ceviche em potinhos e decore com as folhas de alfavaca ou manjericão, as lascas de castanhas, as rodelas de banana e os chips de batata-doce.

Se quiser inovar na apresentação, sirva o ceviche dentro de cascas de limão-siciliano. Para isso, raspe as metades com uma colher para tirar o bagaço, recheie-as e apoie-as em uma cama de sal grosso.

PARA REFRESCAR A ALMA

Coração de alface grelhado com vinagrete de alho

Quem foi que disse que alface é sem graça? Aqui apresento uma das milhares de possibilidades de transformar esse vegetal em uma verdadeira refeição requintada. A alface-romana tem uma textura ótima para ser grelhada, e a granola salgada (pp. 15-6) que criei é simplesmente sensacional para combinar com esta salada.

Rendimento: 6 porções | **Tempo de preparo:** 15 minutos

½ xícara de azeite de oliva extra virgem, mais um pouco para grelhar

1 colher (sopa) de vinagre de maçã

¼ de xícara de suco de limão-cravo

2 dentes de alho amassados

sal a gosto

3 alfaces-romanas pequenas cortadas ao meio no sentido do comprimento

1 Faça o vinagrete: coloque o azeite, o vinagre e o suco de limão em uma tigela e bata vigorosamente para emulsionar. Acrescente o alho e tempere com sal. Coloque as alfaces com o lado cortado para baixo sobre essa mistura e deixe marinar por 5 minutos.

2 Numa frigideira grande, aqueça um fio de azeite ligeiramente e grelhe as alfaces por uns 2 minutos de cada lado, até que elas comecem a escurecer, atentando para que não murchem nem se queimem as folhas.

3 Regue as metades de alface com o vinagrete e salpique granola salgada (pp. 15-6) por cima na hora de servir.

PARA REFRESCAR A ALMA | 27

Quinoa negra com frutas e flores

Incluir flores comestíveis na salada, além de trazer riqueza visual ao prato, agrega muito sabor. A flor de jambu, o chamado "agrião da Amazônia", por exemplo, provoca uma sensação de dormência na boca. O gosto de outras flores, como o dente-de-leão, as minirrosas, os girassóis, a cravina, as violetas, os trevos, a flor de borago, varia do cítrico ao adocicado e apimentado. Já a capuchinha, além de saborosa, também é rica em vitamina C, e o amor-perfeito tem propriedades diuréticas. As flores comestíveis não são encontradas em floriculturas; procure-as em lojas especializadas ou em grandes supermercados.

Rendimento: 5 porções | **Tempo de preparo:** 40 minutos

¼ de xícara de quinoa negra ou vermelha

¼ de xícara de amaranto em grãos

6 xícaras de caldo de legumes (p. 17)

¾ de xícara de cevadinha em grãos

10 castanhas-do-pará

2 colheres (sopa) de cebola roxa picada

1 colher (sopa) de salsão picado

¼ de xícara de suco de limão-cravo

1 colher (sopa) de azeite de oliva extra virgem

3 colheres (sopa) de cebolinha cortada em anéis

sal do Havaí ou do Himalaia a gosto

Para finalizar

10 folhas de beterraba precoce

5 morangos fatiados em lâminas finas

10 folhas de agrião precoce

mix de flores comestíveis

1 Lave bem a quinoa em água corrente sobre uma peneira, esfregando-a para tirar o amargo. Coloque em uma panela junto com o amaranto, acrescente 2 xícaras de caldo de legumes e cozinhe por 15 minutos ou até os grãos se abrirem e ficarem macios. Se necessário, acrescente mais caldo. Em outra panela, cozinhe a cevadinha no caldo de legumes restante por 25 minutos ou até ficar macia. Escorra o excesso de líquido e reserve.

2 Enquanto isso, torre as castanhas-do-pará no forno a 180 °C por uns 5 minutos, tomando cuidado para não queimar. Deixe esfriar um pouco e pique grosseiramente. Reserve.

3 Em uma tigela grande, coloque os cereais cozidos e acrescente a cebola e o salsão. Regue com o suco de limão e o azeite e misture bem. Junte a cebolinha e tempere com sal.

4 Na hora de servir, arrume uma porção de quinoa no centro do prato e disponha as folhas de beterraba, o morango e o agrião em volta. Decore com as flores comestíveis e salpique por cima a castanha-do-pará reservada.

PARA REFRESCAR A ALMA

Salada Istrana

Istrana é uma pequena comunidade na região de Vêneto, na Itália, de onde saíram muitos dos italianos que fundaram a cidade da Lapa, no Paraná, onde moro. Nossos costumes foram bastante influenciados por eles, assim como nossa alimentação, que continua até hoje baseada na agricultura familiar e no uso de muitas hortaliças, como a endívia roxa e o radicchio.

Rendimento: 1 porção | **Tempo de preparo:** 10 minutos

1 xícara de agrião precoce

1 xícara de endívia roxa ou radicchio

1 xícara de endívia branca

5 tomates-cereja

4 minimilhos

½ xícara de gomos de tangerina

½ maçã verde cortada em meia-lua

½ xícara de queijo minas fresco cortado em cubos

1 colher (sopa) de azeite de oliva extra virgem

suco de 1 limão-cravo

1 fatia de pão italiano torrada cortada em cubos

1 Coloque todas as folhas na travessa de servir e mescle-as delicadamente. Disponha os tomates-cereja, os minimilhos, a tangerina, a maçã e o queijo sobre as folhas, arrumando-os de forma harmoniosa.

2 Regue a salada com o azeite e o suco de limão e espalhe o pão por cima. Sirva com o molho de sua preferência (veja sugestões nas pp. 34-9).

PARA REFRESCAR A ALMA | 31

Mix de folhas com queijo coalho e abobrinha

Até uma simples salada pode ser considerada alta gastronomia; basta escolher bons ingredientes e arrumá-los harmoniosamente numa louça bacana. Aqui, optei por mesclar a azedinha, que tem um sabor cítrico incrível, com elementos doces e ácidos como o morango, além de incluir a crocância das castanhas e o sabor brasileiro do queijo coalho grelhado – tudo para despertar o paladar e provar que salada pode, sim, ser um prato especial.

Rendimento: 1 porção | **Tempo de preparo:** 10 minutos

6 folhas de rúcula	2 miniabobrinhas italianas ou brasileiras
6 folhas de agrião precoce	1 palito de queijo coalho
4 folhas de azedinha	4 tomates-cereja
2 folhas de endívia roxa	1 coração de palmito pupunha
2 flores de capuchinha	4 morangos
um punhado de brotos de alfafa	2 castanhas-do-pará
8 folhas de manjericão roxo	1 colher (sopa) de sementes de girassol

1 Coloque todas as folhas de molho em uma bacia com água e algumas gotas de hipoclorito de sódio para higienizar bem. Deixe agir por 5 minutos.

2 Enquanto isso, cozinhe a miniabobrinha no vapor por 5 minutos. Grelhe o queijo coalho e corte em cubos. Corte o tomate-cereja ao meio, e a pupunha, em rodelas. Fatie o morango em lâminas e pique grosseiramente a castanha-do-pará. Reserve cada ingrediente separadamente.

3 Passe as folhas por uma centrífuga para secar. Coloque-as em um prato de servir e use a criatividade para distribuir os ingredientes reservados por cima, finalizando com as sementes de girassol. Para acompanhar, sirva com um dos molhos que estão nas próximas páginas; minha dica especial é o vinagrete de melaço e romã (p. 39).

PARA REFRESCAR A ALMA

Molhos para salada

Faz tempo que a salada deixou de ser montada apenas com alface, tomate, cenoura e cebola, tudo cru. O prato, antes sem graça, hoje ganhou prestígio: preparado com grãos, castanhas, sementes e queijos, além dos tradicionais legumes e verduras, deixa de ser uma simples entrada para se tornar a estrela da refeição. E é claro que o tempero precisa acompanhar essa evolução. Nas próximas páginas, você vai ver receitas de molhos cremosos e vinagretes deliciosos para incrementar ainda mais a sua salada.

Dijonaise de alho-poró

Esqueça a maionese industrializada; esta é mil vezes melhor, garanto! Seu preparo não oferece risco à saúde e você pode até consumi-la no dia seguinte. Experimente misturar algumas batatas cozidas cortadas em cubinhos ou combinar picles e tomates picados, além de milho verde. Ela se torna um prato especial, daqueles de avó.

Rendimento: 2 xícaras | **Tempo de preparo:** 25 minutos

¾ de xícara de batata sem casca cozida cortada em cubos

¼ de xícara de cenoura cozida cortada em cubos

¼ de xícara de alho-poró fatiado

1 colher (sopa) de mostarda de Dijon

1½ xícara de leite vegetal (p. 18)

suco de 2 a 3 limões-cravo

¼ de xícara de azeite de oliva extra virgem

sal a gosto

1 Coloque num liquidificador a batata, a cenoura, o alho-poró, a mostarda, o leite, metade do suco de limão e bata, adicionando o azeite em fio até obter a consistência desejada.

2 Se quiser um pouco mais de acidez, adicione mais um pouco de suco de limão. Tempere com sal e sirva como acompanhamento de legumes grelhados.

34 | BRASILIDADES

Vinagrete de chimichurri

Esta receita é um pouco mais elaborada, mas investir algum tempo no seu preparo é algo do qual você não vai se arrepender. Em vez de sal comum, experimente usar flor de sal, que é a primeira camada de cristais que se forma na superfície da salina. Delicada, precisa ser coletada manualmente, não passa por nenhum tipo de processamento e é ensacada logo após a coleta. Aqui no Brasil, a flor de sal produzida em Mossoró, no Rio Grande do Norte, é de excelente qualidade. O molho dura cinco dias na geladeira e pode ser usado não só em saladas, mas em pratos grelhados e assados e também para acompanhar a feijoada de algas da página 75.

Rendimento: ½ xícara | **Tempo de preparo:** 10 minutos

½ xícara de alho-poró picado

1 tomate italiano maduro sem sementes bem picado

3 dentes de alho sem o germe picados

6 colheres (sopa) de salsinha picada

3 colheres (sopa) de cebolinha picada

1 colher (sopa) de orégano fresco picado

1 colher (sopa) de tomilho seco

6 folhas de sálvia picadas

pimenta dedo-de-moça sem sementes
  picada a gosto

pimenta calabresa a gosto

suco e raspas da casca de 1 limão-siciliano orgânico

6 colheres (sopa) de vinagre de maçã ou
  de vinho branco

2 colheres (sopa) de vinagre de xerez ou
  vinagre de vinho tinto

8 colheres (sopa) de azeite de oliva extra virgem

2 colheres (sopa) de água fria

uma pitada de cominho em pó

uma pitada de páprica doce

flor de sal a gosto

1 Coloque o alho-poró, o tomate e o alho em uma tigela e misture. Acrescente a salsinha, a cebolinha, o orégano, o tomilho e a sálvia e misture novamente. Tempere com os dois tipos de pimenta e as raspas da casca de limão e reserve.

2 Em outra tigelinha, coloque o suco de limão, os dois tipos de vinagre, o azeite e a água. Bata vigorosamente até emulsionar.

3 Regue a mistura reservada com o molho emulsionado, incorporando bem para os sabores se combinarem. Tempere com o cominho, a páprica e a flor de sal.

4 Deixe coberto até a hora de servir, misturando e emulsionando com um pouco mais de água fria se ficar muito espesso.

PARA REFRESCAR A ALMA | 35

Molho de abacaxi e hortelã

Este molho é simples e refrescante. Combina bem com o verão brasileiro e valoriza bastante uma simples salada de folhas, com a vantagem de o abacaxi ser um ótimo digestivo.

Rendimento: 1 xícara | **Tempo de preparo:** 10 minutos

1 xícara (chá) de abacaxi sem casca picado (polpa e miolo)

3 colheres (sopa) de hortelã grosseiramente picada

1 colher (sopa) de suco de limão-cravo

2 colheres (sopa) de azeite de oliva extra virgem

sal a gosto

1 Bata no liquidificador o abacaxi, a hortelã e o suco de limão.

2 Aos poucos, acrescente o azeite em fio, sem parar de bater, até obter uma pasta cremosa e leve. Se necessário, acrescente água fria até obter a consistência desejada.

3 Tempere com sal e sirva acompanhando uma salada de folhas verdes e amargas.

Molho de rúcula e raiz-forte

Este molho é leve e ao mesmo tempo marcante e muito saboroso. Experimente servi-lo num almoço ou jantar especial.

Rendimento: 1½ xícara | **Tempo de preparo:** 10 minutos

1 xícara de folhas de rúcula sem os talos

2 colheres (sopa) de raiz-forte branca em conserva

2 colheres (sopa) de azeite de oliva extra virgem

2 colheres (sopa) de leite de soja

1 colher (sopa) de mostarda de Dijon ou uma pitada de wasabi em pó

1 dente de alho amassado

suco de 1 limão-cravo

¾ de xícara de iogurte natural

folhas de tomilho a gosto

sal marinho a gosto

1 Coloque a rúcula, a raiz-forte, o azeite, o leite de soja, a mostarda ou o wasabi, o alho e o suco de limão no liquidificador e bata por 2-3 minutos, até obter uma mistura homogênea.

2 Transfira para uma vasilha grande e misture o iogurte, até incorporar. Junte o tomilho e tempere com sal.

3 Cubra com filme de PVC e leve à geladeira até a hora de usar. O molho se conserva bem por 2-3 dias, se refrigerado; na hora de servir, basta mexer com uma colher.

Maionese de açafrão e curry

O segredo desta maionese é a batata assada, que confere uma textura rústica diferente ao molho. Esta receita é tão especial que, além de poder acompanhar legumes grelhados ou cozidos, pode ser degustada sozinha, apenas com uma torrada ou uma fatia de pão preto.

Rendimento: 2 xícaras | **Tempo de preparo:** 15 minutos

2 ovos caipiras cozidos

1 xícara de água quente

¾ de xícara de batata assada e amassada

1 dente de alho pequeno sem o germe

3 colheres (sopa) de azeite de oliva extra virgem

2 colheres (chá) de suco de limão-cravo

1 colher (chá) de açafrão em pó

1 colher (chá) de curry em pó

sal marinho a gosto

grãos de mostarda para finalizar

1 Separe as claras e as gemas do ovo cozido. Para esta receita, vamos usar duas claras e uma gema.

2 Coloque metade da água, a batata, as claras, a gema, o alho, o azeite, o suco de limão, o açafrão e o curry no liquidificador e bata rapidamente com a tecla pulsar, até misturar ligeiramente os ingredientes. Depois, na velocidade mínima, acrescente o resto da água quente aos poucos, até obter um molho liso e cremoso. Tempere com sal e reserve.

3 Toste os grãos de mostarda por 2 minutos em uma frigideira sem óleo. Salpique por cima do molho reservado e sirva em seguida.

PARA REFRESCAR A ALMA | 37

Molho de manga-rosa

Exótico e leve, é um molho bem brasileiro que combina perfeitamente com legumes cozidos no vapor.

Rendimento: 1 xícara | **Tempo de preparo:** 10 minutos

5 colheres (sopa) de azeite de oliva extra virgem

1 xícara (chá) de cebola ralada

2 xícaras (chá) de manga-rosa picada

½ xícara de leite de coco tailandês ou caseiro (p. 18)

½ colher (chá) de açúcar demerara

1 colher (sopa) de hortelã bem picada

sal a gosto

1   Leve uma panela pequena ao fogo baixo e aqueça o azeite. Adicione a cebola e refogue até dourar levemente. Retire do fogo e reserve.

2   Bata no liquidificador a manga com o leite de coco e despeje sobre o refogado de cebola. Junte o açúcar e volte ao fogo baixo, cozinhando por mais uns 4 minutos ou até encorpar. Desligue.

3   Acrescente a hortelã e tempere com sal. Sirva em molheiras, morno ou frio.

Maionese simples

Este molho é muito fácil e rápido de fazer e acompanha desde saladas até legumes quentes, como aspargos no vapor. A manteiga de garrafa ou clarificada, conhecida como ghee na culinária indiana, é usada em substituição à manteiga comum, porque é menos alérgica e de fácil digestão. Você pode substituir a sálvia pela erva de sua preferência ou mesmo fazer um mix delas, utilizando cebolinha, tomilho, alecrim ou alfavaca. Sucesso garantido!

Rendimento: 1 xícara | **Tempo de preparo:** 25 minutos

½ xícara de ghee

1 colher (sopa) de sálvia

1 colher (sopa) de suco de limão-cravo

2 gemas de ovo caipira

sal e pimenta-do-reino moída na hora a gosto

1 Coloque a manteiga em uma panela pequena e leve ao fogo baixo até derreter, tomando cuidado para não queimar. Retire com uma escumadeira qualquer espuma que se formar na superfície. Acrescente a sálvia e reserve aquecido.

2 Bata no liquidificador o suco do limão e as gemas, até engrossar. Com o liquidificador ainda ligado, despeje a manteiga morna em fio e bata por mais 1 minuto, até obter um molho espesso e brilhante.

3 Tempere com sal e pimenta antes de servir.

Vinagrete de melaço e romã

Este molho é bem exótico e, por trazer um mix incomparável de doçura e acidez que estimula o paladar, precisa ser servido em pequenas porções. Prepare uma salada de folhas verdes escuras – como espinafre e escarola –, borrife um pouco do molho de limão e canela da página 16 e sirva à parte este vinagrete em pequenas molheiras para os seus convidados.

Rendimento: 1 xícara | **Tempo de preparo:** 10 minutos

6 colheres (sopa) de melaço de romã

2 colheres (sopa) de melaço de cana

4 colheres (sopa) de suco e sementes de romã

1 colher (sopa) de suco de limão-cravo orgânico (sem casca encerada), mais as raspas da casca

1 colher (sopa) de azeite de oliva extra virgem

½ colher (chá) de shoyu (molho de soja)

1½ colher (sopa) de hortelã picada para finalizar

sal a gosto

1 Coloque os dois tipos de melaço, a romã, o suco de limão, o azeite e o shoyu em uma tigelinha e bata com um fouet (batedor manual), até emulsionar todos os ingredientes. Mantenha na geladeira até a hora de servir.

2 Antes de levar à mesa, bata novamente para combinar os ingredientes e misture a hortelã e as raspas de limão. Acerte o sal.

Se preferir um molho menos adocicado, misture 1 xícara de iogurte natural à base de soja ou comum, depois de emulsionar.

PARA REFRESCAR A ALMA | 39

Para renovar as forças

Bebidas para qualquer hora

Frutas amarelas

Rendimento: 2 copos (500 ml) | **Tempo de preparo:** 10 minutos

3 damascos

1½ xícara de suco de tangerina

1 xícara de manga cortada em cubos

1 colher (sopa) de amaranto em flocos

1 colher (chá) de gengibre ralado

5 gotas de água de flor de laranjeira

1 colher (sopa) de açúcar demerara

½ xícara de cenoura orgânica picada

1 Disponha os damascos em uma tigelinha e cubra com um pouco de água quente. Hidrate por 1 hora, depois escorra e descarte a água.

2 Coloque todos os ingredientes no liquidificador na ordem em que estão listados e bata até misturar bem. Sirva em seguida.

Frutas vermelhas

Rendimento: 2 copos (500 ml) | **Tempo de preparo:** 10 minutos

2 colheres (sopa) de goji berry

1 xícara de suco de uva integral

10 mirtilos

5 amoras ou framboesas

5 morangos

6 cerejas em calda sem cabinho e sem caroço

1 colher (chá) de camu-camu em pó

1 colher (sopa) de polpa de açaí ou de açaí em pó solúvel

1 colher (sopa) de colágeno em pó

1 colher (chá) de rapadura esmigalhada

1 colher (sopa) de flocos de quinoa

1 Disponha o goji em uma tigelinha e cubra com um pouco de água quente. Hidrate por 1 hora, depois escorra e descarte a água.

2 Coloque todos os ingredientes no liquidificador na ordem em que estão listados e bata até misturar bem. Sirva em seguida.

Água de rosas

Rendimento: 1 litro | **Tempo de preparo:** 10 minutos

1 laranja-baía
15 folhas de hortelã
1 litro de água filtrada
8 gotas de água de rosas

1. Corte a laranja em rodelas e coloque-as em uma jarra. Junte a hortelã e macere levemente. Cubra com a água e pingue a água de rosas. Leve à geladeira por 2 horas. Decore com rodelas de laranja desidratadas e pétalas de minirrosas.

> Estas águas aromatizadas são ideais para matar a sede de modo saudável. Inove e crie a sua combinação. Uma boa dica é utilizar água com gás, para deixar ainda mais refrescante.

Água de chimarrão com flor de laranjeira

Rendimento: 1 litro | **Tempo de preparo:** 10 minutos

cascas de 1 abacaxi
1 litro de água filtrada
1 colher (sopa) de erva-mate
2 ramos de alecrim
1 limão-siciliano cortado em rodelas
5 gotas de água de flor de laranjeira

1. Coloque as cascas do abacaxi em uma panela e cubra com metade da água. Leve ao fogo alto até ferver. Desligue o fogo e acrescente a erva-mate. Deixe em infusão por 5 minutos. Coe e espere esfriar.
2. Depois, junte o alecrim, macerando levemente, e complete com o restante da água. Adicione o limão e a água de flor de laranjeira. Leve à geladeira por 2 horas antes de servir.

Água de tangerina e frutas vermelhas

Rendimento: 2 litros | Tempo de preparo: 10 minutos

- 1 tangerina
- 18 morangos
- 20 folhas de manjericão
- 2 litros de água de coco
- 20 mirtilos
- 12 framboesas

1. Descasque a tangerina, separe em gomos e retire a parte branca e as sementes. Coloque em uma jarra e junte metade dos morangos e o manjericão. Macere levemente cubra com a água de coco. Fatie o restante dos morangos e acrescente à jarra, junto com os mirtilos e as framboesas. Leve à geladeira por 2 horas antes de servir.

Suco detox

Rendimento: 2 copos | **Tempo de preparo:** 10 minutos

1 colher (sopa) de linhaça dourada
1½ xícara de água de coco gelada
suco de 1 limão-siciliano
1 folha de couve-manteiga orgânica
½ maçã verde com casca picada
½ pera com casca picada

½ xícara de polpa de atemoia sem casca e sem sementes
¼ de xícara de pepino com casca picado
1 colher (chá) de aipo ou salsão picado
10 folhas de hortelã
10 folhas de salsinha

1. Disponha a linhaça em uma tigelinha e cubra com um pouco de água quente. Hidrate por 1 hora, depois escorra e descarte a água.
2. Coloque todos os ingredientes no liquidificador na ordem em que estão listados e bata até misturar bem. Sirva em seguida.

Smoothie de frutas tropicais

Rendimento: 4 copos | **Tempo de preparo:** 10 minutos

½ xícara de suco de maçã
½ xícara de iogurte desnatado ou à base de soja
1 banana-da-terra cortada em rodelas
1 rodela grossa de abacaxi pérola picada
polpa de 1 maracujá doce

2 colheres (sopa) de chia
½ colher (chá) de canela em pó
¼ de pimenta dedo-de-moça sem sementes
1 colher (sopa) de psyllium

1 Coloque todos os ingredientes no liquidificador na ordem em que estão listados e bata até misturar bem. Sirva em seguida.

PARA RENOVAR AS FORÇAS | 49

Cappuccino de cevada

Uma ótima opção para quem tem intolerância a lactose ou para quem simplesmente busca uma alternativa à cafeína, este cappuccino leva ainda uma combinação de especiarias que o deixa ainda mais aromático e saboroso.

Rendimento: 50 g | **Tempo de preparo:** 10 minutos

6 colheres (sopa) de leite de arroz ou de soja em pó
1 colher (sopa) de cevada torrada instantânea solúvel
1 colher (chá) de canela em pó
1 colher (chá) de cravo em pó
½ colher (chá) de cardamomo em pó
½ colher (chá) de alfarroba em pó

1 Coloque todos os ingredientes no processador e bata bem. Transfira para um pote de vidro esterilizado, tampe e guarde em local fresco.

2 Para fazer a bebida, coloque duas colheradas do preparado em um coador de pano ou de papel e despeje 1 xícara de água quente ou de leite por cima. Adoce a gosto.

Para esquentar o coração

Sopas e ensopados para dias frios

Caldo verde com raiz-forte

Sopas como esta são o símbolo máximo da comida reconfortante e aquecem o corpo e a alma nos dias frios. Valorizando o sabor natural dos legumes, são práticas e fáceis de fazer.

Rendimento: 3 porções | **Tempo de preparo:** 40 minutos

1½ xícara de couve-manteiga finamente fatiada

1 colher (sopa) de ghee

2 xícaras de cogumelos-de-paris frescos

2 colheres (sopa) de azeite de oliva extra virgem

1 cebola média cortada em cubos médios

2 dentes de alho pequenos

400 g de mandioquinha sem casca cortada em cubos

2 cenouras médias sem casca cortadas em cubos

5 xícaras de caldo de legumes (p. 17)

1 colher (sopa) de raiz-forte branca

sal marinho a gosto

1 Aqueça uma frigideira antiaderente sem gordura e coloque a couve. Mexa constantemente por 1 minuto, apenas para amaciar um pouco, mas sem perder a crocância. Reserve.

2 Na mesma frigideira, aqueça o ghee e refogue rapidamente os cogumelos, por 4 ou 5 minutos apenas, para não formar água. Reserve.

3 Em uma panela grande, aqueça o azeite em fogo baixo e refogue a cebola até ficar ligeiramente transparente. Junte o alho e refogue por 1 minuto, mexendo sempre para não queimar e amargar. Acrescente metade da couve, a mandioquinha e a cenoura e refogue até dourar levemente. Despeje o caldo de legumes e aumente o fogo até ferver. Reduza para fogo baixo e cozinhe lentamente por 40 minutos, até os legumes ficarem macios. Desligue o fogo e deixe amornar.

4 Quando estiver em temperatura ambiente, transfira o líquido e os legumes para o liquidificador e bata até obter um creme homogêneo. Faça esse procedimento aos poucos, para não encher muito o liquidificador e correr o risco de transbordar. Se preferir, use um mixer e bata o creme diretamente na panela.

5 Leve o creme de volta ao fogo baixo. Tempere com a raiz-forte e sal. Junte o restante da couve e cozinhe por mais 5 minutos.

6 Distribua em pratos fundos ou tigelinhas individuais. Decore com os cogumelos refogados e sirva em seguida.

PARA ESQUENTAR O CORAÇÃO | 55

Canjiquinha

Bastante substanciosa, esta sopa combina verduras e quirera, que nada mais é que o milho quebrado, utilizado antigamente apenas para alimentar as galinhas. Quando passou do quintal para a mesa, recebeu como par constante a carne de porco, mas a quirera também fica ótima em sopas vegetarianas, como esta.

Rendimento: 4 porções | **Tempo de preparo:** 50 minutos

200 g de quirera ou xerém

3,5 litros de caldo de legumes (p. 17)

3 colheres (sopa) de azeite de oliva extra virgem

1 cebola pequena picada

2 dentes de alho picados

1 talo pequeno de alho-poró fatiado

3 batatas médias cortadas em cubos

2 cenouras pequenas cortadas em cubos

2 colheres (sopa) de salsão picado

1 abobrinha pequena cortada em cubos

8 folhas de espinafre rasgadas

sal marinho a gosto

1 Em uma panela grande, coloque a quirera e metade do caldo de legumes e cozinhe por 30 minutos em fogo baixo, até ficar macia; se necessário, adicione mais caldo. Como alternativa, use a panela de pressão: nesse caso, use apenas 1 litro de caldo e reduza o tempo de cozimento para 10 minutos. Desligue e reserve.

2 Em outra panela, aqueça o azeite e refogue a cebola em fogo baixo, até ficar ligeiramente transparente. Junte o alho e refogue por 1 minuto, mexendo sempre para não queimar e amargar. Acrescente o alho-poró e refogue por mais 2 minutos. Adicione o restante dos legumes e refogue até dourar levemente. Despeje o restante do caldo e aumente o fogo até ferver. Reduza para fogo baixo de novo e cozinhe lentamente por 40 minutos, até os legumes ficarem macios. Desligue o fogo e deixe amornar.

3 Quando estiver em temperatura ambiente, transfira o líquido e os legumes para o liquidificador e bata até obter um creme homogêneo. Faça esse procedimento aos poucos, para não encher muito o liquidificador e correr o risco de transbordar. Se preferir, use um mixer e bata diretamente na panela.

4 Leve o creme de volta ao fogo baixo. Junte a quirera reservada, tempere com sal e cozinhe por mais alguns minutos.

5 Distribua em pratos fundos ou tigelinhas individuais e sirva bem quente.

PARA ESQUENTAR O CORAÇÃO

Sopa de tomate com abóbora, laranja e menta

Esta sopa usa como base minha receita de molho de tomates natural, por isso vale a pena fazer um pouco a mais e guardar no congelador. Para isso, separe a quantidade desejada de molho antes de acrescentar o suco de laranja, as sementes de abóbora e a menta. Se for preparar só o molho, acrescente um talo pequeno de salsão na hora do cozimento: dá um gostinho todo especial.

Rendimento: 4 porções | **Tempo de preparo:** 40 minutos

1 colher (sopa) de ghee

1 cebola grande picada

2 dentes de alho picados

1 kg de tomates orgânicos com casca e sem sementes cortados ao meio

1 xícara de abóbora-menina picada

2 xícaras de caldo de legumes (p. 17)

3 colheres (sopa) de purê de tomate

¼ de xícara de suco de laranja

1 colher (chá) de mel

sal marinho a gosto

4 colheres (sopa) de sementes de abóbora sem casca tostadas

menta picada a gosto

1 Em uma panela alta, aqueça o ghee e refogue a cebola em fogo baixo, até ficar ligeiramente transparente. Junte o alho e refogue por 1 minuto, mexendo sempre para não queimar e amargar. Acrescente o tomate e a abóbora e refogue por mais 2 minutos. Despeje o caldo de legumes e adicione o purê de tomate. Aumente o fogo até ferver, depois reduza para fogo baixo de novo e cozinhe lentamente por 30 minutos. Se necessário, acrescente mais caldo. Desligue o fogo e deixe amornar.

2 Quando estiver em temperatura ambiente, transfira tudo para o liquidificador e bata até obter um molho espesso. Faça esse procedimento aos poucos, para não encher muito o liquidificador e correr o risco de transbordar. Se preferir, use um mixer e bata o creme diretamente na panela. Coe em uma peneira fina para obter um molho mais liso.

3 Leve de volta ao fogo baixo, acrescente o suco de laranja e o mel. Tempere com sal e cozinhe por mais 8 minutos. Desligue o fogo.

4 Distribua entre pratos fundos ou tigelinhas individuais e espalhe as sementes de abóbora por cima. Salpique a menta picada e sirva em seguida.

Se o tomate estiver muito ácido, experimente cozinhar o molho com uma batata pequena sem casca. Para variar a decoração, use gotas de vinagre balsâmico – fica delicioso! –, tomate em cubos sem sementes, folhas de manjericão, lascas de queijo fresco ou pinoli tostados.

Creme de milho verde com pupunha

Para estimular o paladar, acostume-se a acrescentar um toque crocante às sopas, como a pupunha nesta receita. Castanhas, legumes cozidos al dente, sementes, queijos, croûtons e até um pouco de bifum são ótimas opções.

Rendimento: 6 porções | **Tempo de preparo:** 40 minutos

1 colher (sopa) de ghee

2 toletes de palmito pupunha cortados em rodelas

sal a gosto

2 colheres (sopa) de azeite de oliva extra virgem

1 cebola grande picada

2 dentes de alho inteiros

5 espigas de milho cozidas e debulhadas

1 chuchu grande sem casca e sem miolo cortado em cubos

1 litro de caldo de legumes (p. 17)

1 colher (chá) de raiz-forte ralada

1 ramo de alecrim

4 talos de nirá picados

1 Preaqueça o forno a 200 °C.

2 Aqueça o ghee em uma frigideira grande e refogue a pupunha até dourar. Tempere com sal e reserve.

3 Em uma panela grande, aqueça o azeite e refogue a cebola em fogo baixo, até ficar ligeiramente transparente. Junte o alho e refogue por 1 minuto, mexendo sempre para não queimar e amargar. Adicione o milho e o chuchu e refogue até dourar levemente. Despeje o caldo e aumente o fogo até ferver. Reduza para fogo baixo de novo e cozinhe lentamente por 30 minutos, até os legumes ficarem macios. Desligue o fogo e deixe amornar.

4 Quando estiver em temperatura ambiente, transfira tudo para o liquidificador e bata até obter um creme espesso. Faça esse procedimento aos poucos, para não encher muito o liquidificador e correr o risco de transbordar. Se preferir, use um mixer e bata o creme diretamente na panela. Coe em uma peneira fina para obter um creme mais fino.

5 Leve de volta ao fogo baixo, acrescente a raiz-forte e o alecrim. Acerte o sal e cozinhe por mais 10 minutos.

6 Divida em pratos fundos ou tigelinhas individuais. Arrume uma porção da pupunha reservada no centro, espalhe o nirá por cima e sirva em seguida.

PARA ESQUENTAR O CORAÇÃO | 61

Sopa de legumes com aveia

Este é um creme bastante versátil, já que você pode substituir a aveia por trigo-sarraceno cozido ou usar diversos tipos de macarrão para sopa ou bifum (p. 100). Varie a apresentação, decorando com quinoa em flocos, amaranto ou sementes de girassol tostadas.

Rendimento: 4 porções | **Tempo de preparo:** 40 minutos

1 colher (sopa) de azeite de oliva extra virgem

3 cebolas grandes fatiadas em meia-lua

2 dentes de alho inteiros

1 cenoura grande picada

1 chuchu grande sem casca picado

1 abobrinha grande picada

½ cabeça de couve-flor separada em floretes

2 litros de caldo de legumes (p. 17)

6 colheres (sopa) de aveia em flocos (farelo)

sal a gosto

cebolinha picada a gosto

1   Em uma panela grande, aqueça o azeite e refogue a cebola em fogo baixo, até ficar ligeiramente transparente. Acrescente o alho, os legumes e o caldo e cozinhe por 30 minutos, até ficarem bem macios. Reserve metade dos legumes, sem o caldo. Desligue o fogo e deixe amornar.

2   Quando estiver em temperatura ambiente, transfira tudo para o liquidificador e bata até obter um creme espesso. Faça esse procedimento aos poucos, para não encher muito o liquidificador e correr o risco de transbordar. Se preferir, use um mixer e bata o creme diretamente na panela.

3   Leve de volta ao fogo baixo, acrescente os legumes reservados e a aveia. Tempere com sal e cozinhe por mais 5 minutos. Se necessário, acrescente mais caldo.

4   Divida em pratos fundos ou tigelinhas individuais. Espalhe a cebolinha por cima e sirva em seguida.

> Outra forma de servir esta sopa é partir todos os legumes em cubinhos, cozinhá-los no caldo, mas não bater no liquidificador. Assim a sopa é engrossada apenas pela aveia e fica mais leve.

Sopa de grão-de-bico com castanha de baru

Originária da região do cerrado, a castanha de baru é ótima fonte de gorduras boas que combatem o colesterol. Espalhe sobre saladas, misture na massa de bolos e pães ou incremente sopas como esta.

Rendimento: 8 porções | **Tempo de preparo:** 1h30

3 litros de caldo de legumes (p. 17)

500 g de grão-de-bico deixado de molho por 8 horas

1 colher (sopa) de ghee

½ maço de folhas de cenoura grosseiramente picadas

2 cebolas cortadas em quatro

1 dente de alho

1 colher (sopa) de tahine (pasta de gergelim)

sal a gosto

1 xícara de castanha de baru tostada e picada

salsinha picada a gosto

1 Em uma panela de pressão grande, coloque o caldo de legumes e o grão-de-bico e deixe cozinhar em fogo alto. Assim que a panela começar a chiar, reduza para fogo baixo e conte 40 minutos. Desligue o fogo e deixe a pressão sair naturalmente.

2 Enquanto isso, aqueça o ghee em uma panela e refogue a folha de cenoura até murchar ligeiramente, mas sem perder a cor. Reserve.

3 Bata no liquidificador o grão-de-bico cozido com a cebola e o alho, acrescentando o caldo de legumes até obter a textura e a consistência desejadas.

4 Transfira a sopa para a panela de pressão e leve ao fogo baixo só para manter aquecida. Junte o tahine e a folha de cenoura reservada e tempere com sal.

5 Na hora de servir, espalhe algumas castanhas de baru sobre a sopa e decore com a salsinha picada.

Sopa de berinjela com trigo-sarraceno e creme azedo

Esta sopa é enriquecida com a adição de trigo-sarraceno ao final, mas você use qualquer grão cozido que estiver à mão. Pode ser quinoa, amaranto, arroz cateto integral... Não importa, o resultado é igualmente delicioso.

Rendimento: 8 porções | **Tempo de preparo:** 40 minutos

Para a sopa

2 colheres (sopa) de óleo de girassol

2 cebolas roxas picadas

1 dente de alho picado

2 berinjelas grandes sem casca picadas

2 abobrinhas pequenas picadas

1 kg de tomate picado

1 xícara de ervilha fresca congelada

2 litros de caldo de legumes (p. 17)

½ xícara de trigo-sarraceno cozido

1 colher (sopa) de molho inglês

sal a gosto

1 colher (sopa) de suco de limão

tomilho fresco a gosto

Para o creme azedo

1 xícara de coalhada seca

1 colher (sopa) de suco de limão

1 colher (sopa) de capim-cidreira (capim-limão, capim-santo) picado

sal a gosto

1 Comece pelo creme azedo. Coloque a coalhada e o suco de limão em uma tigelinha e bata com um fouet (batedor manual). Acrescente o capim-cidreira e tempere com sal. Reserve em local fresco até a hora de servir.

2 Em uma panela grande, aqueça o óleo e refogue a cebola em fogo baixo, até ficar ligeiramente transparente. Junte o alho e refogue por 1 minuto, mexendo sempre para não queimar e amargar. Adicione a berinjela, a abobrinha, o tomate e a ervilha e refogue até dourar levemente. Despeje o caldo e aumente o fogo até ferver. Reduza para fogo baixo de novo e cozinhe lentamente por 30 minutos, até os legumes ficarem macios. Desligue o fogo e deixe amornar.

3 Quando estiver em temperatura ambiente, transfira tudo para o liquidificador e bata até obter um creme espesso. Faça esse procedimento aos poucos, para não encher muito o liquidificador e correr o risco de transbordar. Se preferir, use um mixer e bata o creme diretamente na panela. Coe em uma peneira fina para obter um creme mais fino.

4 Leve de volta ao fogo baixo, acrescente o trigo-sarraceno cozido e o molho inglês. Tempere com sal e cozinhe por mais 10 minutos. Desligue o fogo e misture o suco de limão.

5 Divida em pratos fundos ou tigelinhas individuais. Decore com o tomilho fresco e uma colherada do creme azedo.

PARA ESQUENTAR O CORAÇÃO | 65

Favas ensopadas com espinafre

Experimente esta receita usando feijão-branco, soja ou cevadinha no lugar das favas. Este prato pode ser servido com torradas regadas com azeite e salpicadas de ervas ou como acompanhamento de outros pratos nos dias mais frios.

Rendimento: 6 porções | **Tempo de preparo:** 1 hora

1 xícara de fava verde ou vermelha

4 xícaras de caldo de legumes (p. 17)

2 colheres (sopa) de azeite de oliva extra virgem

1 cebola roxa bem picada

2 dentes de alho amassados

2 colheres (sopa) de alcaparras escorridas
   ligeiramente espremidas e picadas

4 tomates picados sem sementes

3 colheres (sopa) de vinagre de maçã

1 cenoura média cozida e amassada

1 colher (sopa) de mostarda de Dijon

1 xícara de molho de tomate (p. 58)

6 xícaras de folhas tenras de espinafre

sal marinho a gosto

1 colher (sopa) de nirá

10 folhas de alfavaca ou manjericão picadas

uma pitada de páprica doce defumada ou picante
   (opcional)

1 ovo cozido cortado em rodelas

zátar a gosto

1 De véspera, deixe as favas de molho por 8 horas. Depois, escorra e leve para cozinhar com o caldo de legumes por cerca de 50 minutos ou até ficarem bem macias.

2 A seguir, aqueça o azeite numa caçarola e refogue a cebola até que fique bem dourada. Acrescente o alho, a alcaparra, o tomate, o vinagre, a cenoura, a mostarda de Dijon e o molho de tomate.

3 Junte então as favas cozidas e deixe ferver lentamente por uns 8 minutos; nos 5 minutos finais acrescente o espinafre e mais um pouco de caldo de legumes, se necessário.

4 Desligue o fogo, tempere com sal e finalize com o nirá, a alfavaca (ou o manjericão) e a páprica. Sirva com as rodelas de ovo polvilhadas com o zátar.

PARA ESQUENTAR O CORAÇÃO | 67

Consomê de beterraba e mandioquinha

O consomê é um caldo claro e límpido, geralmente preparado com carne ou frango e servido antes das refeições. Aqui apresento a minha versão vegetariana, mais leve e igualmente saborosa. É importante coar bem o caldo antes de servir, para que o consomê fique bem límpido.

Rendimento: 2 porções | **Tempo de preparo:** 40 minutos

3 beterrabas grandes descascadas e cortadas em cubos
300 g de mandioquinha descascada e cortada em rodelas
2 colheres (sopa) de salsinha grosseiramente picada
sal a gosto

1 Coloque as beterrabas em uma panela grande, cubra com água fria e leve ao fogo alto. Quando ferver, reduza para fogo baixo e cozinhe por 10 minutos. Escorra e descarte a água do cozimento.

2 Em seguida, coloque a beterraba de novo na mesma panela, acrescente as rodelas de mandioquinha e água filtrada o suficiente para cobrir tudo e deixe cozinhar por 45 minutos, acrescentando a salsinha e temperando com sal nos 5 minutos finais.

3 Desligue o fogo, coe e sirva quente.

Mandioca com pinhão e castanha de caju

A valorização dos ingredientes brasileiros veio para ficar: é um caminho cada vez mais trilhado na gastronomia que resgata nossa história e traz de volta à mesa nossa cultura. O pinhão é um exemplo disso. Combinando-o com a mandioca, raiz que remonta à cultura indígena, criei este delicioso ensopado.

Rendimento: 4 porções | **Tempo de preparo:** 1 hora

2 colheres (sopa) de azeite de oliva extra virgem

1 cebola cortada em meia-lua

algumas gotas de fumaça líquida

5 xícaras de mandioca cozida com açafrão cortada em rodelas

1 xícara de pinhão assado sem casca picado

½ colher (chá) de curry em pó

2 tomates italianos sem pele e sem sementes picados

2½ xícaras de leite de coco natural (p. 18)

sal a gosto

1 xícara de castanha de caju torrada

cebolinha picada a gosto

1   Aqueça o azeite numa panela, de preferência de barro, e refogue a cebola até dourar. Adicione a fumaça líquida e a mandioca e deixe no fogo por mais 2 minutos, misturando delicadamente.

2   A seguir, acrescente o pinhão, o curry, o tomate e o leite de coco e mexa até encorpar. Tampe a panela e deixe cozinhar em fogo baixo por uns 8 minutos.

3   Desligue o fogo, tempere com sal, junte a castanha de caju e a cebolinha e sirva em seguida.

Paella de painço, grãos e legumes

O painço é um dos grãos mais nutritivos do mundo, que vem ganhando bastante popularidade por ser um cereal de fácil digestão e baixo teor de gordura. Nesta receita, ele é combinado com legumes deliciosos para se transformar em um prato com aparência incrível, bem colorida. Para variar o sabor, troque o açafrão por curry, mas reduza a quantidade pela metade.

Rendimento: 8 porções | **Tempo de preparo:** 1h30

Para a paella

3 litros de caldo de legumes (p. 17), e mais um pouco
   para regar
½ xícara de painço
½ xícara de cevadinha
½ xícara de trigo em grãos
1 colher (sopa) de açafrão em pó
sal marinho a gosto

Para os legumes

1 colher (sopa) de ghee
15 cogumelos portobello frescos pequenos
2 cebolas roxas cortadas em meia-lua
3 dentes de alho bem picados
8 aspargos cozidos al dente
8 minimilhos cortados em rodelas
10 cenouras baby cortadas em rodelas e cozidas al dente

6 corações de alcachofra cozidos
10 azeitonas pretas sem caroço
1 xícara de ervilhas congeladas
2 toletes de palmito pupunha cortados em rodelas
1 xícara de alho-poró cortado em rodelas
½ colher (chá) de páprica picante
sal marinho a gosto

Para finalizar

½ xícara de amêndoas sem pele torradas
10 ovos de codorna cozidos cortados ao meio
12 pimentas biquinho
10 tomates-cereja cortados ao meio
2 colheres (sopa) de azeite de oliva extra virgem
salsinha, cebolinha e manjericão picados a gosto
2 limões-sicilianos cortados em quatro

1 Divida o caldo em três partes iguais e cozinhe o painço, a cevadinha e o trigo em panelas separadas. Tempere o painço com o açafrão e os demais grãos apenas com sal. Quando estiverem macios, desligue e reserve.

2 Em uma panela grande de borda alta, aqueça o ghee e refogue rapidamente os cogumelos em fogo alto para não juntar água. Reserve.

3 Na mesma panela, refogue a cebola em fogo baixo até dourar. Acrescente o alho e refogue. Em seguida, junte os legumes e misture delicadamente. Regue com um pouco de caldo de legumes quente, o suficiente para deixar a paella úmida. Tempere com a páprica e sal e deixe cozinhar por mais alguns minutos.

4 Transfira para o prato de servir e decore, arrumando as amêndoas, o ovo, as pimentas e o tomate-cereja por cima. Acerte o sal e acrescente os cereais reservados. Regue com o azeite e salpique as ervas picadas. Sirva imediatamente, acompanhado do limão.

PARA ESQUENTAR O CORAÇÃO | 71

Cozido vegano

Puchero é uma receita típica da culinária espanhola cuja origem remete à sopa que os camponeses preparavam com carnes curadas e vegetais. Com o passar do tempo, tornou-se um ensopado substancioso com versões que variam de acordo com o lugar onde é preparado, já que leva ingredientes locais e sazonais. Nesta minha releitura, excluí as carnes e dei um toque exótico, ao acrescentar especiarias indianas.

Rendimento: 4 porções | **Tempo de preparo:** 1h45

2 xícaras de grão-de-bico

2 a 3 litros de caldo de legumes (p. 17)

3 colheres (chá) de curry em pó

1 colher (chá) de cúrcuma em pó

2 colheres (sopa) de salsão picado

2 xícaras de abobrinha cortada em cubos

8 batatas bolinha com a casca

8 cenouras baby

1¼ xícara de tomate italiano sem sementes cortado em cubos

¾ de xícara de tomate seco

1 folha de couve-chinesa cortada em tiras

1 xícara de ervilha congelada

8 cebolinhas pérola sem casca

4 minimilhos

1 couve-flor pequena separada em floretes

5 colheres (sopa) de biomassa de banana verde (p. 75)

1 xícara de tofu defumado cortado em cubos

3 dentes de alho amassados

gersal a gosto (ver nota)

garam masala a gosto (ver nota)

sal a gosto

1 Deixe o grão-de-bico de molho em água filtrada por pelo menos 8 horas. Passado esse tempo, escorra os grãos e descarte a água.

2 Em um caldeirão grande de fundo grosso, coloque o caldo de legumes e o grão-de-bico, tempere com o curry e a cúrcuma e cozinhe por 50 minutos, até os grãos ficarem al dente.

3 Em seguida, adicione o salsão e a abobrinha e cozinhe por mais 10 minutos. Adicione o restante dos vegetais, o tofu, o alho e os temperos e deixe ferver lentamente por mais 20 minutos, até encorpar. Se necessário, acrescente mais caldo fervente. Para finalizar, tempere com sal, misture e desligue o fogo. Sirva em seguida.

O gersal nada mais é do que gergelim tostado e moído, acrescentado de sal, na proporção 10:1. É uma ótima maneira de substituir o sal de mesa. Já o garam masala é um mix indiano de especiarias, cuja composição varia em cada lugar da Índia. Uma combinação bastante comum é cravo-da-índia, canela, cominho, coentro, endro, curry, cúrcuma e pimenta-rosa. Se quiser, toste um pouco na frigideira sem gordura para liberar aromas e sabores antes de usar.

PARA ESQUENTAR O CORAÇÃO | 73

Feijoada de algas e biomassa com farofa de couve

"O feijão é de todos em princípio, tal como a liberdade, o amor, o ar." A frase não é minha, é de um poema de Drummond chamado "A excitante fila do feijão" e ilustra bem a popularidade desse ingrediente, presente no Brasil de norte a sul, em variados tipos. Esta receita pode ser um pouco trabalhosa, mas garanto que o resultado final vale cada minuto da sua dedicação. Experimente também incluir dois cajus descascados e cortados em cubos, para um toque diferente.

Rendimento: 4 porções | **Tempo de preparo:** 1h30

Para a biomassa
12 bananas-nanicas verdes

Para os feijões
½ xícara de feijão-guando ou feijão-de-corda
½ xícara de feijão-preto
½ xícara de feijão-azuqui
ramos de tomilho a gosto
folhas de louro a gosto

Para a feijoada
1 berinjela cortada em cubos
1 dente de alho pequeno picado
1 colher (sopa) de shoyu (molho de soja)
½ colher (sopa) de suco de limão
½ colher (sopa) de orégano
2 colheres (sopa) de óleo de girassol
1 cebola roxa média picada
1 talo de alho-poró cortado em rodelas
1 talo pequeno de salsão cortado em cubinhos
4 dentes de alho negro picados
2 xícaras de cogumelo portobello fresco fatiado

1 xícara de tofu defumado cortado em cubinhos
5 colheres (sopa) de biomassa de banana verde
3 colheres (sopa) de alga kombu hidratada e cortada
   em cubinhos
duas pitadas de chimichurri seco
duas pitadas de cominho em grãos
1 colher (chá) de coentro picado
½ xícara de casca de queijo provolone grosseiramente
   picada
2 talos de nirá picados
pimenta biquinho a gosto

Para a farofa
3 colheres (sopa) de manteiga de garrafa
½ colher (chá) de cúrcuma em pó
2 colheres (sopa) de cebola picada
1 colher (chá) de alho espremido
½ xícara de cenoura ralada
1 xícara de couve finamente picada e refogada
1 xícara de farinha de mandioca flocada
sal a gosto

1 De véspera, selecione os três tipos de feijão, lave e coloque em uma vasilha cobertos com água. Deixe de molho por pelo menos 8 horas.

2 Também de véspera, se preferir, prepare a biomassa de banana verde. Coloque as bananas com casca em uma panela de pressão grande e cubra com água dois dedos acima das frutas. Leve para cozinhar em fogo alto; assim que a panela começar a chiar, reduza para fogo baixo e conte 10 minutos. Deixe a pressão sair normalmente e abra a panela com cuidado.

3 Descasque as bananas e bata a polpa no processador com água quente o suficiente para obter uma massa homogênea. Separe a quantidade que vai usar na receita e guarde o restante no congelador, dentro de um pote fechado.

4 No dia, escorra os feijões e descarte a água do molho. Cozinhe tudo com o tomilho e o louro, por 20 minutos na panela de pressão (contados depois que a panela começar a chiar), até ficarem macios. Reserve.

5 Preaqueça o forno a 180 °C.

6 Enquanto isso, coloque a berinjela em uma tigelinha e misture com o alho. Tempere com o shoyu, o suco de limão e o orégano e deixe marinar por 30 minutos. Transfira para uma assadeira pequena e leve ao forno por 15 minutos. Reserve.

7 Aqueça o óleo em uma frigideira alta e refogue a cebola em fogo baixo até dourar. Acrescente o alho-poró, o salsão e o alho negro e refogue mais um pouco. A seguir, acrescente o cogumelo fatiado e refogue por mais 5 minutos, o suficiente para amaciar um pouco, mas sem formar muita água. Tempere com sal e desligue.

8 Em um caldeirão, coloque os feijões e seu caldo e acrescente o refogado de cogumelos. Leve ao fogo baixo e adicione o restante dos ingredientes, exceto o provolone, o nirá e a pimenta biquinho. Cozinhe até engrossar, acerte o sal e desligue o fogo.

9 Para fazer a farofa, aqueça a manteiga em uma frigideira e refogue a cúrcuma e a cebola em fogo baixo até dourar bem. Acrescente o alho e a cenoura e refogue. Junte a couve e a farinha e mexa constantemente, para a farinha tostar um pouco. Tempere com sal e desligue o fogo.

10 Antes de servir, misture o queijo provolone na feijoada e finalize com o nirá e a pimenta biquinho. Sirva em seguida.

As cascas de banana cozidas podem ser picadas e utilizadas de diversas maneiras. Uma opção é refogar com azeite, cebola, alho, tomate, azeitonas, nozes picadas e uvas-passas, temperar com salsinha ou manjericão fresco picado e regar com um pouco de vinagre de maçã. Use para cobrir canapés ou rechear pastéis de forno: fica ótimo!

Para abrir o apetite

Comidinhas de dar água na boca

Bruschetta de cogumelos e alcachofra

Estas torradas de origem italiana são ótimas como entrada ou como um tira-gosto enquanto bebericamos uns drinques antes do jantar. Invente as suas versões de cobertura, mas não deixe de lado o mix de ervas – elas trazem mais frescor ao prato.

Rendimento: 2 porções | **Tempo de preparo:** 25 minutos

2 colheres (sopa) de ghee

2 fatias de pão italiano ou de ciabatta integral

2 dentes de alho amassados

3 xícaras de cogumelo fresco picado grosseiramente (shimeji, shitake e champignon, 50 g de cada)

3 corações de alcachofra picados

raspas da casca e suco de 1 limão-siciliano

3 colheres (sopa) de ervas picadas (hortelã, salsinha, orégano fresco, manjericão e tomilho)

6 tomates secos cortados em tiras

flor de sal a gosto

3 colheres (sopa) de amêndoas laminadas

6 tomates-cereja cortados ao meio

azeite de oliva extra virgem a gosto

folhas de manjericão a gosto

1 Preaqueça o forno a 150 °C.

2 Espalhe uma fina camada de ghee sobre as fatias de pão e arrume-as numa assadeira. Leve ao forno por 3 minutos para tostar levemente. Retire, mas mantenha o forno ligado.

3 Enquanto isso, em uma frigideira, coloque o restante do ghee e doure o alho rapidamente, tomando cuidado para não queimar e amargar. Junte os cogumelos e refogue por cerca de 2 minutos em fogo alto, para não juntar água. Acrescente a alcachofra, o suco de limão, as ervas e o tomate seco e misture. Tempere com sal e desligue.

4 Distribua a cobertura ainda quente sobre as fatias de pão torrado. Salpique a amêndoa por cima e leve novamente ao forno quente por mais 2 minutos. Antes de servir, transfira as bruschettas para uma travessa, arrume o tomate-cereja por cima, regue com um fio de azeite e enfeite com as folhas de manjericão e as raspas da casca do limão. Sirva imediatamente.

> Para variar o sabor, espalhe nas fatias de pão uma mistura de ghee e queijo de cabra, que dá um toque especial a esta receita. Tempere o ghee com sal e algumas gotas de molho inglês. Em seguida, misture 2 dentes de alho espremidos, 2 colheres (sopa) de salsinha picada e 7 bolinhas de queijo fresco de cabra, amassando tudo com um garfo. Está pronto!

PARA ABRIR O APETITE | 81

Pastelzinho de pizza

Este apetitoso salgado assado é uma comidinha reconfortante, perfeita para agradar a família e os amigos. De massa macia e saborosa, é feito no forno e deixa a casa toda com um aroma delicioso.

Rendimento: 30 unidades | **Tempo de preparo:** 40 minutos

Para a massa

2 xícaras de farinha de trigo orgânica

1 colher (chá) de fermento biológico fresco diluído em 2 colheres (sopa) de água morna

¼ de xícara de leite morno e mais um pouco, se necessário

¼ de xícara de batata cozida e amassada

1 colher (sopa) de azeite de oliva extra virgem

1 gema

sal a gosto

Para o recheio

3 tomates italianos picados sem sementes

2 xícaras de queijo mozarela ralado

½ colher (sopa) de orégano

1 colher (sopa) de azeite de oliva extra virgem

1 dente de alho amassado

manjericão fresco a gosto

sal a gosto

1 ovo, clara e gema separadas

1 Misture todos os ingredientes do recheio em uma tigela e reserve.

2 Coloque todos os ingredientes da massa em uma tigela e misture bem. Transfira para uma superfície lisa e sove até a massa ficar bem macia e soltar da mão. Acrescente mais leite ou farinha, se necessário.

3 Preaqueça o forno a 180 °C.

4 Com um rolo, abra a massa com 0,5 cm de espessura. Use um cortador redondo para fazer discos menores, do tamanho desejado.

5 Coloque uma colherada de recheio no centro de cada disco. Pincele a clara levemente batida nas bordas e feche em forma de meia-lua. Use um garfo para marcar toda a borda, selando bem. Pincele com a gema batida.

6 Leve para assar por 20 minutos, até dourar.

PARA ABRIR O APETITE

Coxinha de tofu defumado com musseline de inhame

Gosto de montar meus cardápios de acordo com a época do ano e a disponibilidade de produtos da região. Por isso, aproveito os legumes da estação para fazer o recheio deste descolado aperitivo.

Rendimento: 20 unidades | **Tempo de preparo:** 50 minutos

Para a musseline

1 colher (sopa) de ghee

1 cebola grande picada

700 g de inhame picado

1 litro de caldo de legumes (p. 17)

½ xícara de creme de leite fresco batido

1 clara em neve

sal marinho a gosto

Para a coxinha

2 fatias de pão integral picado

¼ de xícara de leite vegetal (p. 18)

1 xícara de tofu defumado ralado grosso

1 ovo cozido picado bem fino

¾ de xícara de cenoura ralada

⅓ de talo pequeno de salsão picado

¾ de xícara de chuchu ralado fino

¼ de cebola branca ralada

1 dente de alho pequeno amassado

4 colheres (sopa) de farinha de rosca integral

sal marinho a gosto

Para empanar

2 ovos ligeiramente batidos

10 colheres (sopa) de gérmen de trigo ou flocos de amaranto

pimenta biquinho e pimenta-cumari para servir

1 Comece pela musseline. Numa panela pequena, aqueça o ghee em fogo baixo e refogue a cebola; ela deve ficar dourada, mas sem queimar. À parte, em uma panela grande, cozinhe o inhame no caldo de legumes por 30 minutos, até ficar macio.

2 Coloque o inhame cozido e o caldo, junto com a cebola reservada, no liquidificador e bata até obter um creme liso. Transfira de volta para a panela e leve ao fogo baixo por 5 minutos, somente para aquecer. Desligue o fogo e misture o creme de leite e a clara em neve. Tempere com sal e reserve aquecido.

3 Preaqueça o forno a 180 °C.

4 Agora, faça a coxinha. Coloque o pão em uma tigela e regue com o leite. Acrescente o tofu, o ovo, todos os vegetais e a farinha de rosca. Acerte o sal. Misture bem e amasse com as mãos até dar liga.

5 A seguir, separe pequenas porções de massa e modele as coxinhas. Passe pelo ovo batido e depois no gérmen de trigo (ou nos flocos de amaranto) para empanar. Arrume-as em uma assadeira antiaderente e leve ao forno por 10 minutos. Sirva as coxinhas em seguida, acompanhadas da musseline e das pimentas.

PARA ABRIR O APETITE | 85

Churrasco de cebola recheada com purê de ervilha e limão-cravo

As cebolas podem ser feitas no forno, mas acredite: assadas lentamente na brasa ficam com um gosto inigualável. Esta é uma opção que fazemos em casa para substituir o churrasco de carne.

Rendimento: 4 porções | **Tempo de preparo:** 2 horas

4 cebolas brancas grandes

½ xícara de ervilha seca partida

1 litro de caldo de legumes (p. 17)

1 colher (sopa) de azeite de oliva extra virgem

1 cebola roxa média cortada em cubos pequenos

1 dente de alho espremido

1 tomate italiano sem sementes picado

uma pitada de pimenta calabresa

suco de ½ limão-cravo

½ colher (sopa) de hortelã bem picada

1 colher (sopa) de cebolinha cortada em anéis

sal a gosto

4 colheres (sopa) de shoyu (molho de soja)

Sour cream

2 colheres (sopa) de requeijão cremoso

1 colher (sopa) de suco de limão-cravo

uma pitada de sal

1 Comece preparando as cebolas: faça fogo com carvão e deixe virar brasa bem forte. Coloque as cebolas com casca numa grelha ou no espeto, bem próximas ao calor, e vá virando até que fiquem tostadas e com uma cor uniforme. Esse procedimento demora cerca de 1h30. Se preferir o processo mais rápido, enrole as cebolas, também com a casca, individualmente em papel-alumínio e deixe-as diretamente na brasa por cerca de 30 minutos, virando-as para que tostem por igual. Deixe esfriar.

2 Agora, prepare o purê: cozinhe as ervilhas na panela de pressão com caldo (ou água) por cerca de 8 minutos após o início da pressão. Desligue o fogo, deixe esfriar e reserve.

3 A seguir, aqueça o azeite numa panela média e refogue a cebola roxa picada até ficar bem dourada. Acrescente o alho, o tomate, a pimenta calabresa, o suco de limão, a hortelã e a cebolinha e refogue por mais uns minutos. Salgue e misture as ervilhas cozidas. Reserve.

4 Para fazer o sour cream, junte todos os ingredientes numa tigela pequena e misture bem. Reserve.

5 Para a montagem, descasque as cebolas já frias e regue com uma colherada de shoyu. Faça um corte na parte superior, como uma tampa. Delicadamente, retire o miolo de cada uma delas com a ajuda de um garfo, deixando-as com duas ou três camadas de cebola, sem machucar o fundo e as laterais.

6 Recheie as cebolas com o purê de ervilha, regue com um fio de azeite e finalize com uma colherada de sour cream sobre cada uma delas. Disponha as cebolas numa travessa refratária untada e leve ao forno quente por uns 5 minutos. Sirva em seguida.

PARA ABRIR O APETITE

Chipa

Você pode acrescentar gergelim branco e preto, linhaça ou chia à massa, para dar um toque especial. Além de incrementar o sabor, isso aumenta o teor funcional da receita.

Rendimento: 25 unidades | **Tempo de preparo:** 30 minutos

1 xícara de polvilho azedo

¼ de xícara de água fervente

½ xícara de queijo parmesão ralado na hora

½ xícara de queijo gruyère ralado

3 colheres (sopa) de azeite de oliva extra virgem

1 colher (sopa) de tomilho fresco

½ colher (chá) de sal

1 Preaqueça o forno a 200 °C. Unte uma assadeira com manteiga.

2 Coloque o polvilho em uma tigela grande. Com cuidado, despeje a água e misture com uma colher. Adicione os demais ingredientes e misture novamente. Observe a consistência da massa: se ficar muito mole, a ponto de escorrer da colher, acrescente mais polvilho; se ficar muito seca e dura, junte um pouco mais de água.

3 Use uma colher pequena para despejar pequenas porções de massa na assadeira preparada. Deixe uns dois dedos entre as bolinhas.

4 Leve para assar em forno preaquecido por 20 minutos, até crescer e dourar.

5 Sirva como acompanhamento de sopas e saladas.

PARA ABRIR O APETITE | 89

Couve-de-bruxelas com gengibre e mel de jataí

A couve-de-bruxelas é um vegetal muito injustiçado: seu sabor amargo costuma assustar quem a experimenta pela primeira vez. Nesta receita, equilibrei o amargor das intrincadas folhas desta verdura delicada com o sabor adocicado do mel. Optei pelo mel produzido pelas abelhas jataí, que é leve e agradável, mas você pode utilizar o mel de sua preferência.

Rendimento: 5 porções | **Tempo de preparo:** 40 minutos

400 g de couve-de-bruxelas

1½ xícara de leite

2½ xícaras de caldo de legumes (p. 17)

½ colher (sopa) de cúrcuma em pó

sal a gosto

1 colher (sopa) de amido de milho

raspas da casca de 1 laranja

2 colheres (sopa) de mel de abelha jataí

¼ de colher (chá) de gengibre ralado

1 xícara de castanhas de caju torradas inteiras

1 Corte a base inferior das couves, faça um corte superficial na parte superior e deixe-as imersas no leite por umas 4 horas, para tirar o amargor. Coe e descarte o leite.

2 Em uma panela alta, leve as couves para cozinhar no caldo de legumes misturado com a cúrcuma e temperado com sal por cerca de 15 minutos, até ficarem cozidas, mas tenras.

3 Em seguida, adicione o amido de milho e deixe engrossar, misturando delicadamente; se necessário, adicione mais caldo de legumes. Desligue o fogo e finalize com as raspas de laranja, o mel, o gengibre e as castanhas de caju. Acerte o sal e sirva imediatamente.

PARA ABRIR O APETITE | 91

Rolinhos de berinjela com ragu de lentilha vermelha

Marinar a berinjela é essencial para tirar o amargor e também para deixar as fatias mais macias, o que facilita na hora de montar os rolinhos.

Rendimento: 8 porções | Tempo de preparo: 45 minutos

Para a berinjela

2 berinjelas grandes

¼ de xícara de suco de limão

1 colher (sopa) de azeite de oliva extra virgem

2 dentes de alho amassados

½ colher (chá) de orégano

sal a gosto

Para o creme de ricota

1 xícara de ricota passada pela peneira

1 xícara de queijo cottage

½ xícara de noz-pecã torrada e picada

2 dentes de alho amassados

½ colher (chá) de curry em pó

1 colher (sopa) de salsinha picada

3 colheres (sopa) de queijo parmesão ralado

azeite de oliva extra virgem a gosto

sal a gosto

Para o ragu

2 xícaras de caldo de legumes (p. 17)

1 colher (chá) de curry em pó

1 xícara de lentilha vermelha

1 cebola roxa pequena cortada em cubinhos

2 colheres (sopa) de ghee

½ talo pequeno de salsão picado

20 cogumelos-de-paris frescos bem picados

5 azeitonas pretas picadas

1 colher (sopa) de alcaparras

1 tomate italiano sem sementes cortado em cubinhos

2 dentes de alho espremidos

2 xícaras de molho de tomate (p. 58)

suco e raspas da casca de ½ limão-taiti

5 folhas de alfavaca ou manjericão bem picadas

2 colheres (sopa) de cebolinha picada

6 colheres (sopa) de queijo parmesão ralado

folhas de manjericão para finalizar

1   Para preparar as berinjelas, retire os cabos e corte cada uma delas em 4 fatias no sentido do comprimento. Em uma tigela funda, misture o suco do limão, o azeite, o alho e o orégano e tempere com sal. Deixe as fatias de berinjela nessa marinada por 1 hora e escorra.

2   Depois, seque-as com um pano de prato limpo e grelhe-as com um fio de azeite, até ficarem marcadas de um dos lados. A seguir, empregue o creme de ricota como indicado abaixo.

3   Em uma tigela funda, junte todos os ingredientes do creme de ricota e misture bem. Usando uma colher, coloque uma porção numa das pontas da berinjela e enrole-as firmemente como um pequeno rocambole. Ajeite os rolinhos, um ao lado do outro, numa fôrma de vidro ou de teflon. Reserve.

4   Agora, prepare o ragu: junte o caldo de legumes e o curry numa panela e cozinhe as lentilhas em fogo baixo por cerca de 5 minutos após começar a ferver, até que fiquem al dente.

5   Enquanto isso, refogue lentamente a cebola com o ghee numa panela média até ficar bem dourada. Acrescente o salsão e o cogumelo e deixe suar por uns 2 minutos. Adicione então a azeitona, as alcaparras, o tomate, o alho e o molho de tomate e cozinhe por cerca de 5 minutos.

6   Incorpore a lentilha previamente escorrida, o suco e as raspas de limão, a alfavaca (ou o manjericão) e a cebolinha e mantenha aquecido. Polvilhe os rolinhos com o parmesão e leve ao forno preaquecido a 180 °C por alguns minutos, até gratinar. Sirva com o ragu de lentilha e as folhas de manjericão.

Batatinhas com alecrim e salsa de tomate

Batata e alecrim é uma combinação clássica, sem erro. Aqui, primeiro o legume é cozido para ficar macio e depois assado, para formar uma casquinha crocante incrível.

Rendimento: 6 porções | **Tempo de preparo:** 1h30

500 g de batata bolinha

2 cebolas médias picadas

1 talo pequeno de alho-poró picado

2 tomates italianos sem sementes cortados em cubos

8 dentes de alho descascados e inteiros

1 colher (sopa) de vinagre de maçã

2 colheres (sopa) de óleo de girassol

8 ramos de alecrim

flor de sal a gosto

5 colheres (sopa) de ghee

3 colheres (sopa) de queijo parmesão ralado na hora

1 colher (sopa) de gergelim preto

1 Preaqueça o forno a 180 °C.

2 Lave as batatinhas com a casca e cozinhe-as com água e sal, deixando-as ainda firmes. Escorra e reserve.

3 Em uma vasilha funda, misture a cebola, o alho-poró, o tomate, os dentes de alho, o vinagre, o óleo, o alecrim e tempere com flor de sal. Em seguida, numa forma refratária, faça uma cama com essa mistura e distribua as batatinhas por cima.

4 Besunte as batatas com o ghee e leve ao forno por cerca de 30 minutos, até que fiquem douradas. Nos 15 minutos finais do cozimento, salpique o parmesão e o gergelim sobre as batatinhas e devolva ao forno. Acerte o sal e sirva em seguida.

Shitake assado com homus e tomate seco

O shitake é muito utilizado na culinária japonesa, mas aqui eu o utilizo em uma preparação com sabores do Oriente Médio. A combinação de grão-de-bico, tahine, alho e gergelim é clássica na cozinha árabe e harmoniza lindamente com os cogumelos.

Rendimento: 8 porções | **Tempo de preparo:** 40 minutos

Para os cogumelos

8 cogumelos shitake grandes

2 colheres (sopa) de ghee

4 colheres (sopa) de shoyu (molho de soja)

3 dentes de alho pequenos

2 colheres (sopa) de salsinha picada

algumas gotas de fumaça líquida

Para o homus

1 xícara de grão-de-bico cozido

½ xícara de água do cozimento
  do grão-de-bico

1 colher (chá) de tahine

suco de 1 limão-cravo

2 dentes de alho amassados

5 colheres (sopa) de caldo de legumes (p. 17)

2 colheres (sopa) de óleo de gergelim

sal marinho a gosto

salsinha picada a gosto

1 colher (chá) de páprica defumada

1 colher (sopa) de gergelim ou sementes de abóbora

1 xícara de tomate seco

sementes de abóbora a gosto

folhas de manjericão para decorar

pimenta rosa para decorar

1   Em uma frigideira, refogue os cogumelos com o ghee, o shoyu e o alho por cerca de 3 minutos. Acrescente a salsinha e a fumaça líquida e cozinhe mais um pouco. Reserve até os cogumelos amornarem.

2   Enquanto isso, faça o homus: bata o grão-de-bico cozido com um mixer com um pouco de água do cozimento, o suficiente para obter um pasta não muito mole. Reserve.

3   À parte, misture o tahine, o limão, o alho, o caldo de legumes, o óleo de gergelim, tempere com sal e bata com um garfo até ficar cremoso. Junte a pasta de grão-de bico, misturando bem até obter um creme. Prove o sal e o limão e corrija. Finalize o creme com a salsinha e a páprica.

4   Para a montagem, cubra os cogumelos com o creme e disponha-os numa travessa refratária. Salpique-os com gergelim e leve ao forno uns 2 minutos, para aquecer.

5   Retire a travessa do forno e finalize com o tomate seco e as sementes de abóbora. Enfeite com folhas de manjericão e pimenta rosa e sirva em seguida.

PARA ABRIR O APETITE

Couve-flor à indiana

A couve-flor é um dos meus ingredientes preferidos, por ser muito versátil. O preparo básico dessa saborosa hortaliça é cozinhá-la em água ou caldo de legumes, como nesta receita — mas também é possível assá-la no forno ou na brasa e até grelhar.

Rendimento: 5 porções ︱ **Tempo de preparo:** 30 minutos

400 g de couve-flor separada em floretes pequenos

1 colher (sopa) de cúrcuma em pó

sal a gosto

4 colheres (sopa) de ghee

2 dentes de alho amassados

3 colheres (sopa) de farinha de arroz ou de trigo

¼ de colher (chá) de curry em pó

½ colher (chá) de sementes de cominho

1 colher (chá) de mostarda em grãos

1 xícara de amêndoas laminadas tostadas

1 Em uma panela, cozinhe a couve-flor em água fervente com a cúrcuma e sal por cerca de 5 minutos, até ficar macia, porém firme. Em seguida, branqueie, escorrendo os floretes e passando-os por água gelada. Reserve.

2 Prepare um roux: em fogo baixo, derreta o ghee numa frigideira pequena e refogue o alho. Adicione a farinha previamente misturada com o curry, o cominho e a mostarda. Tempere com sal e deixe dourar levemente por cerca de 2 minutos, tomando cuidado para não queimar.

3 Passe os floretes de couve-flor nesta pasta e mexa para envolvê-los, desligando o fogo. Espalhe as amêndoas por cima e sirva em seguida.

Bifum com ervas brasileiras e farofa de farinha-d'água

Aos que não conhecem a farinha-d'água, explico que é um ingrediente feito com mandioca descascada e amolecida por cerca de quatro dias em água corrente de igarapé. Muito consumida na Amazônia e no Nordeste, esta rústica farinha é cheia de grumos e bem ácida. Por ser mais dura que as farinhas normais, é preciso mastigar bem devagar, deixando que umedeça aos poucos na boca, em um emblemático ato de slow food tupiniquim.

Rendimento: 3 porções | **Tempo de preparo:** 30 minutos

Para o bifum

150 g de bifum (macarrão de arroz) em fitas largas
 ou macarrão de feijão

4 xícaras de água filtrada para o cozimento

1 xícara de água fria para a marinada

suco de 4 limões-cravo

½ xícara de vinagre de arroz ou de maçã

2 colheres (sopa) de óleo de gergelim torrado
 ou de amendoim

sal marinho a gosto

1 talo de capim-cidreira de 4 cm picado

10 folhas de coentro bem picadas

3 folhas de sálvia picadas

1 colher (sopa) de folhas de tomilho fresco

2 colheres (sopa) de cebolinha ou nirá picados

½ colher (sopa) de folhas de alecrim fresco

6 folhas de hortelã picadas

2 colheres (sopa) de folhas de manjericão picadas

uma pitada de pimenta calabresa

Para a farofa

1 colher (sopa) de ghee

6 colheres (sopa) de farinha-d'água ou farinha de rosca

3 dentes de alho esmagados

raspas de 1 limão-siciliano pequeno

4 pimentas biquinho sem sementes picadas

Para o molho

2 colheres (sopa) de amido de milho

½ xícara de shoyu (molho de soja)

1 xícara de caldo de legumes (p. 17)

2 colheres (sopa) de tofu defumado ralado

1 colher (sopa) de nirá picado

1 colher (chá) de gengibre fresco ralado

1 Para preparar o bifum, cozinhe-o na água filtrada fervente por cerca de 8 minutos. Em seguida, resfrie o macarrão sob água corrente e coloque-o numa tigela para marinar na água fria temperada com o limão, o vinagre, o óleo de gergelim, sal, todas as ervas picadas e a pimenta calabresa.

2 Para fazer a farofa, em fogo médio, aqueça o ghee numa panela de ferro ou frigideira e frite a farinha por 2 minutos, mexendo sempre. Adicione o alho, as raspas de limão e a pimenta biquinho e toste por mais 2 minutos.

3 Faça agora o molho: em uma panela pequena, dilua o amido de milho no shoyu. Em seguida, coloque para ferver junto com o caldo de legumes e o tofu ralado. Mexa até engrossar e finalize com o nirá e o gengibre ralado.

4 Na hora de servir, escorra o bifum e distribua entre os pratos. Regue com o molho e salpique a farofa por cima. É ideal para ser servido como entrada ou acompanhamento de algum prato quente.

Nuvem de alho-poró

Esta receita é muito prática. Leve e saborosa, é um acompanhamento ótimo para qualquer refeição.

Rendimento: 4 porções | **Tempo de preparo:** 50 minutos

2½ xícaras de alho-poró picado
2 colheres (sopa) de ghee
sal marinho a gosto
pimenta-do-reino moída na hora a gosto
1 xícara de leite
2 ovos, claras e gemas separadas
uma pitada de noz-moscada ralada

1 Preaqueça o forno a 180 °C.
2 Em uma frigideira pequena, refogue o alho-poró com o ghee até ficar macio. Tempere com sal e pimenta.
3 Transfira o alho-poró para uma tigela e junte o leite. Acrescente as gemas e a noz-moscada, misture e reserve.
4 Bata as claras em neve, até formar picos firmes. Coloque uma parte na tigela com o leite e o alho-poró e misture delicadamente, fazendo movimentos circulares de baixo para cima, para deixar fofo e incorporar bem. Depois, misture o restante da clara da mesma forma. Tempere com noz-moscada e acerte o sal.
5 Distribua o creme obtido entre quatro ramequins médios e leve ao forno em banho-maria por 30 minutos.
6 Desenforme os ramequins sobre pratos individuais e sirva quente ou em temperatura ambiente.

PARA ABRIR O APETITE | 103

Flã de ricota com tapenade

Esta receita é um pequeno oásis de sabores mediterrâneos em meio a tantos ingredientes brasileiros. A tapenade é uma pasta muito versátil, que incrementa desde simples torradas até este delicioso flã.

Rendimento: 12 porções | **Tempo de preparo:** 40 minutos

Para o flã

4 ovos, gemas e claras separadas

3 xícaras de ricota passada na peneira

2 xícaras de requeijão cremoso

3 colheres (sopa) de cebolinha picada

½ xícara de azeite de oliva extra virgem

3 dentes de alho amassados

uma pitada de noz-moscada

1 xícara de tomate seco hidratado e picado

1 ramo de alecrim desfolhado

1 xícara de azeitona preta picada

sal marinho a gosto

Para a tapenade

1 xícara de azeitona preta sem caroço

6 colheres (sopa) de alcaparra

2 colheres (sopa) de azeite de oliva extra virgem

3 colheres (sopa) de suco de limão-cravo

2 dentes de alho bem amassados

2 colheres (sopa) de salsinha picada

tomilho fresco a gosto

sal marinho a gosto

1   Preaqueça o forno a 200 °C.

2   Na batedeira, bata as claras até obter picos moles. Reserve.

3   Em uma tigela grande, misture as gemas, a ricota, o requeijão, a cebolinha, o azeite, o alho e a noz-moscada. A seguir, incorpore as claras em neve com movimentos leves, de baixo para cima. Acrescente o tomate seco, o alecrim e a azeitona preta e mexa delicadamente. Tempere com sal.

4   Despeje a mistura numa fôrma de 20 x 30 cm untada e leve para assar de 15 a 20 minutos, até que a cobertura esteja levemente dourada. Sirva acompanhado com a tapenade.

5   Para preparar a tapenade, junte a azeitona, a alcaparra, o azeite, o suco de limão e o alho em um processador e bata até formar uma pasta homogênea. Desligue o processador e adicione o restante dos ingredientes, misturando bem com uma colher.

Broinhas de fubá

Esta receita foi um presente do querido Marcelo Facini, um grande chef de cozinha amigo meu especializado em gastronomia funcional, que compartilha a minha vontade de levar a culinária saudável a todos os cantos do mundo.

Rendimento: 8 unidades | **Tempo de preparo:** 1 hora (mais descanso)

3 colheres (sopa) de psyllium

¼ de xícara de água filtrada

½ xícara de água com gás

¼ de xícara de óleo de girassol

1 colher (sopa) de biomassa de banana verde (p. 75)

2 ovos orgânicos em temperatura ambiente

1 colher (chá) de vinagre de maçã

2 xícaras de fubá

½ xícara de fécula de batata

⅓ de xícara de polvilho doce

1 colher (sopa) de sementes de erva-doce

1 colher (sopa) de açúcar demerara

1 colher (chá) de goma guar ou goma xantana

1 colher (chá) de sal

1 Coloque o psyllium e a água filtrada em uma tigelinha e hidrate por 3 minutos.

2 Em uma vasilha grande, misture o psyllium hidratado, a água com gás, o óleo, a biomassa de banana verde, os ovos ligeiramente batidos e o vinagre de maçã. Acrescente os ingredientes secos aos poucos, misturando a cada adição, até formar uma massa homogênea.

3 Divida a massa em 8 partes e modele-as em bolas, polvilhando-as com fubá. Transfira para uma assadeira também polvilhada com fubá e reserve em um local protegido do vento para que dobrem de volume.

4 Preaqueça o forno a 200 °C.

5 Asse por 45 minutos ou até ficarem douradas. Para formar uma crostinha crocante por cima, deixe um recipiente com água quente no assoalho do forno enquanto assa as broinhas.

PARA ABRIR O APETITE

Para alimentar o corpo

Pratos para um, dois ou a família inteira

Galette cremosa de berinjela e abobrinha grelhada

De origem francesa, a galette é meio torta, meio pizza: possui uma borda que cobre parcialmente o recheio, que pode levar os mais diversos ingredientes.

Rendimento: 2 unidades | **Tempo de preparo:** 1h30

Para a massa

1 receita de massa para calzone (p. 133)

Para o recheio

1 berinjela média

suco de 2 limões

1 colher (sopa) de salsinha picada

3 dentes de alho espremidos

sal a gosto

1 abobrinha média

5 colheres (sopa) de molho de tomate (p. 58)

1 colher (sopa) de alcaparras picadas

1 tomate italiano cortado em rodelas

½ xícara de queijo feta ralado

1 ovo batido

½ xícara de creme de leite de soja

1 cebola roxa cortada em rodelas

10 azeitonas verdes cortadas em rodelas

1 colher (sopa) de azeite de oliva extra virgem

orégano fresco a gosto

folhas de rúcula baby a gosto

manteiga para untar

farinha de trigo para polvilhar

1. Faça o recheio: corte a berinjela em rodelas e coloque em uma tigela. Regue com o suco de limão e espalhe a salsinha e o alho por cima. Tempere com sal e misture bem, para que os temperos envolvam toda a berinjela. Deixe marinando por 30 minutos. Passado esse tempo, leve para assar em forno a 180 °C por 15 minutos. Reserve.

2. Corte a abobrinha em rodelas. Aqueça uma frigideira ou uma bistequeira antiaderente e grelhe a abobrinha por alguns minutos de cada lado, até dourar ligeiramente. Reserve.

3. Preaqueça o forno a 200 °C. Unte duas fôrmas redondas de aro removível e 30 cm de diâmetro com um pouco de manteiga e polvilhe farinha de trigo.

4. Divida a massa em duas partes e abra-as com um rolo, fazendo movimentos do centro para as bordas. Transfira os discos de massa para as fôrmas com cuidado, para não romper. A massa deve cobrir as bordas da fôrma.

5. Cubra cada massa com o molho de tomate, deixando um espaço de 5 cm da borda, e espalhe as alcaparras por cima. Arrume as rodelas de berinjela e de abobrinha, intercalando-as com o tomate fatiado por toda a volta da torta.

6. Salpique o queijo feta por cima e regue com o ovo batido com o creme de leite.

7. Cubra com as rodelas de cebola e azeitona e feche as galettes, dobrando as bordas em direção ao centro, cobrindo parcialmente o recheio (veja foto ao lado). Regue com azeite e leve de volta ao forno preaquecido para assar por mais 20 minutos.

8. Retire do forno, salpique o orégano e espalhe as folhas de rúcula. Sirva imediatamente.

Crepe de beterraba com beldroega ao molho quente de cebola

Existem dezenas de farinhas sem glúten que podem ser utilizadas nesta receita: fécula de batata ou de mandioca, farinha de arroz integral... Prove também com farinhas de ingredientes menos conhecidos, como banana, inhame, linhaça, coco e amaranto.

Rendimento: 20 unidades | **Tempo de preparo:** 40 minutos

Para a massa

3 ovos

1¾ xícara de farinha de quinoa

4 colheres (sopa) de farinha de inhame ou de trigo-sarraceno

½ colher (sopa) de ghee, mais um pouco para untar a frigideira

3 colheres (sopa) de beterraba desidratada

2¼ xícaras de leite de soja

Para o recheio

1 talo de alho-poró cortado em rodelas finas

2 xícaras de folhas de beldroega picadas

gersal a gosto

2 xícaras de queijo cottage

½ xícara de ricota

4 colheres (sopa) de queijo parmesão ralado

1 xícara de nozes torradas e picadas grosseiramente

½ xícara de azeitonas verdes picadas

¼ de xícara de pimenta biquinho

2 colheres (sopa) de cebolinha picada

1 colher (sopa) de salsinha picada

sal a gosto

Para o molho

1 colher (sopa) de óleo de girassol

4 cebolas grandes finamente fatiadas

½ batata cozida picada

1 xícara de caldo de legumes (p. 17)

1 colher (sopa) de molho inglês

sal a gosto

castanha-do-pará ralada para decorar

1 Comece pelo recheio. Preaqueça o forno a 180 °C. Coloque o alho-poró em um refratário e leve ao forno por 15 minutos, até dourar bem. Desligue o forno e reserve.

2 Aqueça uma frigideira antiaderente sem gordura e coloque a beldroega. Tempere com gersal e mexa constantemente por 1 minuto, apenas para amaciar um pouco, mas sem perder a crocância.

3 Em uma tigela, coloque o cottage, a ricota e o parmesão. Junte a beldroega e o alho-poró reservados e misture. Adicione o restante dos ingredientes e acerte o sal. Reserve.

4 Faça o molho. Aqueça o óleo numa panela e refogue a cebola fatiada em fogo baixo por 10 a 15 minutos, mexendo sempre, até que fique bem dourada.

5 No liquidificador, junte a batata, metade da cebola refogada e o caldo de legumes e bata até obter um creme homogêneo. Adicione o molho inglês, o restante da cebola e misture sem bater. Acerte o sal e reserve.

6 Para fazer a massa, coloque todos os ingredientes no liquidificador e bata por 3 minutos, até obter uma massa mole, porém não muito líquida (se necessário, adicione um pouco mais de farinha ou de leite de soja até dar o ponto).

7 Em seguida, usando uma concha, despeje um pouco do líquido numa frigideira untada com ghee, gire-a para espalhar a massa e frite por 1 minuto de ambos os lados. Unte a frigideira a cada crepe a ser preparado.

8 Preaqueça novamente o forno a 180 °C. Monte os crepes, colocando uma colherada do recheio no centro. Enrole e disponha-os lado a lado em uma travessa refratária untada com um pouco de azeite. Aqueça por 5 minutos no forno. Salpique a castanha-do-pará e sirva com o molho de cebola.

A beldroega utilizada no recheio pode ser substituída por espinafre. Nesse caso, você pode substituir também a beterraba desidratada da massa por espinafre desidratado.

Quenelle de pinhão em consomê de tomate

O consomê é uma sopa rala de origem francesa, normalmente servida como entrada. Nesta receita, ele faz às vezes de acompanhamento para deliciosos bolinhos de pinhão, em uma receita leve e original.

Rendimento: 6 porções | **Tempo de preparo:** 2 horas

Para as quenelles

1½ xícara de pinhão cozido e ralado grosso

2½ xícaras de ricota passada pela peneira

4 colheres (sopa) de queijo parmesão ralado fino

1 colher (sopa) de alfavaca picada

1½ xícara de espinafre cozido e picado

4 colheres (sopa) de farinha de mandioca fina

3 gemas passadas pela peneira

1 dente de alho amassado

2 colheres (sopa) de azeite de oliva extra virgem

½ xícara de castanha-do-pará torrada e picada

sal a gosto

Para o consomê

6 xícaras de água filtrada

4 tomates cortados ao meio

1 batata média sem casca

sal a gosto

1 Comece pelo consomê. Coloque a água para ferver numa panela e cozinhe os tomates e a batata por 1h30, até o líquido reduzir bem e pegar gosto e cor.

2 Enquanto isso, preaqueça o forno a 180 °C. Unte uma assadeira com manteiga e polvilhe com farinha de arroz.

3 Faça as quenelles, colocando todos os ingredientes em uma tigela grande. Misture até que tudo fique bem incorporado. Com a ajuda de duas colheres, molde as quenelles: pegue uma porção de massa com uma colher e transfira para a outra, raspando a massa pela borda. Repita esse procedimento até obter um bolinho com formato semelhante a um quibe, só que mais alongado.

4 Arrume as quenelles na assadeira preparada e leve ao forno preaquecido por 5 minutos, até dourar levemente.

5 Passado o tempo de cozimento do consomê, coe e tempere com sal. Transfira para um prato fundo e arrume as quenelles no centro. Sirva em seguida.

Em lugar do consomê, você pode servir as quenelles em um molho de tomate mais encorpado, como se fossem nhoques — o prato fica mais substancioso. Se preferir, substitua a alfavaca por manjericão.

BRASILIDADES

Ossobuco de pupunha com tutano de alcachofra

Imagine a surpresa dos seus convidados com este prato. O ovo pochê se parte e se incorpora ao recheio saboroso da alcachofra, envolta num palmito gratinado com molho de tomate... Uma explosão de sabores inesquecível que fica ainda mais especial se você adicionar um toque de molho branco.

Rendimento: 4 porções | **Tempo de preparo:** 50 minutos

Para o palmito assado

2 toletes de palmito pupunha com 18 cm cada,
  incluindo a base do palmito
3 colheres (sopa) de ghee derretido
sal a gosto

Para o ovo pochê

3 xícaras de água
2 colheres (sopa) de vinagre branco
sal a gosto
4 ovos em temperatura ambiente

Para o recheio de alcachofra

2 colheres (sopa) de ghee
½ xícara de alho-poró picado
4 corações de alcachofra
suco de 1 limão-cravo
2 tomates italianos sem sementes cortados
  em cubinhos
1 xícara de molho de tomate (p. 58)
1 colher (chá) de mostarda de Dijon
1 colher (chá) de sumagre (ver nota)
1 colher (sopa) de nirá
sal a gosto

1 Preaqueça o forno a 200 °C.

2 Para preparar a pupunha, corte-a ao meio e, com a ajuda de uma faca de ofício, retire seu miolo sem ir até o final, deixando espaço para o recheio.

3 Besunte a pupunha com o ghee e tempere com sal. Em seguida, envolva-a em papel-alumínio e leve para assar por 20 minutos. Depois, descarte o papel-alumínio, reduza a temperatura do forno para 180 °C e deixe assar por mais 10 minutos, virando na metade do tempo para que doure de todos os lados. Reserve.

4 Enquanto isso, faça o recheio: aqueça o ghee numa panela de ferro e refogue o alho-poró por cerca de 2 minutos. Adicione os corações de alcachofra e o limão, mexendo até desmanchar. Em seguida, acrescente o tomate picado e o molho de tomate.

5 Desligue o fogo e acrescente a mostarda, o sumagre e o nirá. Tempere com sal. Misture delicadamente e recheie os pedaços de pupunha com essa mistura.

6 Para preparar o ovo pochê, aqueça a água numa panela alta e larga. Adicione o vinagre e um pouco de sal. Na primeira fervura, reduza o fogo de maneira que o fundo da panela fique coberto por minúsculas bolhas.

7 Faça um redemoinho com uma colher e quebre os ovos sobre a água, um após o outro, o mais delicadamente possível. Cozinhe por 3 minutos, até que a clara esteja cozida. Retire os ovos da fervura com uma escumadeira e sirva-os quentes sobre a pupunha recheada.

O sumagre é um tempero em pó obtido a partir da torra e da moagem das bagas de uma planta bastante comum no Oriente Médio — razão de essa especiaria ser muito utilizada nas culinárias libanesa, turca e síria. Já o nirá é originário do Sudeste Asiático e faz parte da mesma família da cebola e do alho, por isso muitas vezes é chamado de "cebolinha chinesa".

PARA ALIMENTAR O CORPO

Terrina de milho, tomate, abobrinha e pimentão

Terrinas são um jeito muito sofisticado de servir os vegetais no dia a dia. Podem parecer complicadas, mas requerem apenas um pouco de jeito na montagem. Na hora de servir, corte fatias grossas para que a terrina não desmanche.

Rendimento: 8 porções | Tempo de preparo: 1h30

1 abobrinha cortada em fatias no sentido do comprimento

1 pimentão amarelo cortado em quatro

1 maço de manjericão

1 colher (sopa) de azeite de oliva extra virgem

1 cebola média picada

1 dente de alho picado

1 xícara de milho cozido

1½ tomate italiano sem sementes cortado em cubinhos

½ xícara de tomate seco picado

1 xícara de caldo de legumes (p. 17)

1¼ xícara de molho de tomate (p. 58)

4 colheres (sopa) de iogurte desnatado

1 xícara de queijo parmesão ralado

3 ovos caipiras batidos

2 colheres (sopa) de ágar-ágar em pó

sal e pimenta calabresa a gosto

ghee para untar

queijo parmesão ralado para polvilhar

1 Forre uma fôrma de bolo inglês com filme de PVC, deixando uma sobra para poder cobrir toda a superfície. Unte o interior da fôrma por cima do plástico com o ghee e polvilhe o queijo ralado. Reserve.

2 Cozinhe a abobrinha em água fervente e sal, até ficar al dente. Escorra e reserve.

3 Espete os pedaços de pimentão em um garfo de cabo longo e coloque-os sobre a chama do fogão, até ficarem tostados. Retire a casca queimada com as mãos, sem passar em água. Corte em tiras e reserve. Desfolhe o maço de manjericão e reserve as folhas.

4 Aqueça o azeite em uma panela e refogue ligeiramente a cebola e o alho em fogo baixo, para não queimar e amargar. Acrescente o milho, o tomate, o tomate seco, o caldo de legumes e o molho de tomate e cozinhe por uns 10 minutos.

5 Desligue o fogo e adicione o iogurte, o parmesão ralado, os ovos e o ágar-ágar e misture bem. Tempere com sal e pimenta calabresa e prepare-se para montar o prato.

6 Preaqueça o forno a 160 °C. Espalhe ⅓ da mistura de milho e tomate no fundo da fôrma preparada e arrume por cima as fatias de abobrinha. Cubra com mais ⅓ da mistura e faça uma camada com as tiras de pimentão e o manjericão. Finalize com o restante da mistura de milho e tomate.

7 Leve a terrina para assar em banho-maria no forno preaquecido por 50 minutos, até ficar firme. Espere esfriar. Leve à geladeira por pelo menos 8 horas antes de desenformar e servir.

PARA ALIMENTAR O CORPO | 117

Torre de legumes assados

Assar legumes é uma forma ótima de intensificar seu sabor. O calor intenso e seco sobre o alimento serve para dourar ou caramelizar, dando aos pratos um sabor levemente defumado. Prepare desta forma berinjelas, pimentões, abobrinhas, cogumelos, cebolas e tomates e garanto que você não vai se arrepender. Para um sabor ainda mais intenso, experimente assá-los na brasa.

Rendimento: 4 porções | **Tempo de preparo:** 1 hora

Para os legumes

2 berinjelas médias cortadas em rodelas grossas

suco de 1 limão

1 dente de alho amassado

sal a gosto

2 abobrinhas médias cortadas em rodelas grossas

2 tomates italianos grandes cortados em rodelas

2 toletes de palmito pupunha cortados em rodelas grossas

flor de sal a gosto

8 colheres (sopa) de azeite de oliva extra virgem

Para o recheio

2 xícaras de ricota macia

1 colher (sopa) de curry em pó

sal a gosto

1 xícara de molho de tomate (p. 58)

2 colheres (sopa) de queijo parmesão ralado

6 colheres (sopa) de farinha de rosca

2 colheres (sopa) de ghee

3 ovos cozidos cortados em rodelas

1 xícara de bolinhas de queijo de cabra

manjericão picado a gosto

cebolinha picada a gosto

pimenta rosa para finalizar

1 Preaqueça o forno a 180 °C. Regue a berinjela com o suco de limão, esfregue o alho amassado e tempere com sal. Deixe marinando por 1 hora.

2 Disponha a berinjela, a abobrinha, o tomate e o palmito em uma única camada em uma assadeira grande. Polvilhe com flor de sal e regue com o azeite. Leve para assar por 10 minutos.

3 Faça o recheio. Em uma tigelinha, misture a ricota e o curry e tempere com sal.

4 Com os legumes assados, faça a montagem. Disponha no prato uma rodela de tomate e coloque por cima uma colherada do creme de ricota e curry. Cubra com uma rodela de pupunha e espalhe um pouco de molho de tomate por cima. Prossiga fazendo camadas de abobrinha, parmesão e berinjela. Misture a farinha de rosca e o ghee e polvilhe por cima dos legumes. Leve de volta ao forno por 3 minutos.

5 Antes de servir, decore com uma rodela de ovo, o queijo de cabra, o manjericão e a cebolinha e finalize com a pimenta rosa. Sirva em seguida.

PARA ALIMENTAR O CORPO

Escondidinho de mangarito com folhas de beterraba

O mangarito fazia parte da dieta dos índios e era muito utilizado pelos caboclos e tropeiros, cozido na água ou assado no forno à lenha e depois coberto com melado. Pode aparecer em purês, cremes e sopas, e suas folhas resultam em ótimos refogados. Tem gosto terroso, de amêndoas, que lembra o da castanha portuguesa. Estava desaparecido da mesa dos brasileiros já há algum tempo, mas recentemente alguns pequenos produtores começaram a cultivá-lo e logo esse tubérculo da família do inhame e da taioba caiu nas graças do mundo da gastronomia – hoje há até quem o venda pelo correio.

Rendimento: 4 porções | Tempo de preparo: 1h30

Para o escondidinho

600 g de mangarito

3 colheres (sopa) de manteiga de garrafa

½ xícara de leite vegetal (p.18)

1 xícara de requeijão cremoso

1 clara em neve

300 g de folhas de beterraba sem talo picadas

1 colher (sopa) de azeite de oliva extra virgem

1 colher (chá) de alho amassado

2 colheres (sopa) de cebolinha picada

sal a gosto

Para a farofa

1 xícara de farinha de rosca

½ xícara de queijo parmesão ralado

2 colheres (sopa) de ghee

8 folhas de alfavaca ou manjericão picadas

uma pitada de sal marinho

1 Limpe os mangaritos individualmente, esfregando-os com uma esponja ou pano e colocando-os de molho em uma tigela com água. A seguir, escorra e cozinhe-os cobertos com água e sal por cerca de 20 minutos, até ficarem macios.

2 Passe os mangaritos ainda quentes pelo espremedor de batata e coloque numa panela. Acrescente 2 colheres (sopa) de manteiga, o leite e o requeijão cremoso e cozinhe em fogo baixo, mexendo até obter um purê. Acrescente a clara em neve, tempere com sal e reserve.

3 A seguir, refogue ligeiramente as folhas de beterraba picadas no azeite até murchar. Acrescente o alho e a cebolinha e misture bem. Tempere com sal e reserve.

4 Em uma tigelinha, misture todos os ingredientes da farofa com a ponta dos dedos até obter uma farofa grossa.

5 Preaqueça o forno a 200 °C.

6 Para montar o escondidinho, unte ligeiramente quatro ramequins médios com o restante da manteiga de garrafa. Coloque uma camada de purê, outra de folha de beterraba refogada e uma terceira camada de purê. Cubra com a farofa de pão e leve ao forno preaquecido por 7 minutos, até gratinar.

Se for difícil encontrar o mangarito, substitua por 600 g de mandioquinhas cozidas e amassadas, misturadas com 1 xícara de requeijão. Se quiser, adicione 1 colher (chá) de curry e tempere com sal. Use no lugar do creme de mangarito, fica delicioso!

Ovo mexido com ora-pro-nóbis e pimenta biquinho

O ora-pro-nóbis é uma verdura muito popular nas cidades mineiras de São João del-Rei e Sabará, onde ocorre até um festival em homenagem a essa planta. Quem vence os espinhos desse cacto encontra folhas suculentas e crocantes repletas de sabor. Embora não seja comum no Brasil todo, vale a pena procurar em mercados municipais. Caso não encontre, escolha uma verdura escura — espinafre, catalônia, almeirão — como substituta.

Rendimento: 2 porções | **Tempo de preparo:** 10 minutos

4 ovos caipiras

1 colher (sopa) de requeijão cremoso

½ colher (sopa) de óleo de girassol

1 xícara de ora-pro-nóbis picado

10 pimentas biquinho

2 colheres (sopa) de cebolinha picada

sal defumado a gosto

azeite trufado a gosto

1 ramo de tomilho

1   Em uma tigela, quebre os ovos e acrescente o requeijão cremoso. Bata bem, até ficar homogêneo.

2   Aqueça o óleo numa frigideira e refogue ligeiramente o ora-pro-nóbis com um pouco de sal. Em seguida, acrescente o ovo batido, a pimenta e a cebolinha. Mexa constantemente para desmanchar o ovo e a mistura ficar ligeiramente dourada, porém, com consistência úmida.

3   Finalize com o sal defumado, o azeite trufado e o tomilho.

PARA ALIMENTAR O CORPO | 123

Moqueca de pupunha e banana-da-terra

Esta moqueca fica deliciosa quando acompanhada de farinha de mandioca fina refogada no azeite de dendê com fatias de cebola bem torradinhas e temperada com cúrcuma. A receita leva leite de coco natural, cujo preparo está explicado na página 18. Se você tiver acesso a um fogão a lenha, experimente preparar a receita em uma moquequeira de barro e cozinhar tudo bem lentamente...

Rendimento: 6 porções | Tempo de preparo: 1h

2 colheres (sopa) de azeite de dendê

1 xícara de cebola roxa cortada em rodelas

4 colheres (sopa) de manteiga de garrafa

2 xícaras de palmito pupunha fresco cortado em rodelas

sal a gosto

3 pimentões orgânicos pequenos (verde, amarelo e
vermelho) cortados em rodelas

1 xícara de alho-poró cortado em rodelas

1 colher (sopa) de alga hijiki desidratada

1 xícara de leite de coco (p. 18)

2 xícaras de caldo de legumes (p. 17)

uma pitada de pimenta calabresa

¼ de colher (chá) de pimenta dedo-de-moça
sem sementes picada

duas pitadas de chimichurri seco

duas pitadas de páprica defumada

1 xícara de tomate italiano cortado em rodelas

1 colher (chá) de gengibre ralado

1 xícara de molho de tomate (p. 58)

3 colheres (sopa) de requeijão cremoso

3 colheres (sopa) de biomassa de banana verde (p. 75)

1 colher (chá) de cúrcuma em pó

1 banana-da-terra cortada em rodelas

1 colher (chá) de mostarda de Dijon

1 colher (sopa) de coentro fresco picado

1 colher (sopa) de salsinha fresca picada

2 colheres (sopa) de queijo parmesão ralado

1 Aqueça o azeite de dendê e refogue a cebola até dourar. Reserve.

2 Na mesma panela, aqueça a manteiga de garrafa e doure a pupunha com um pouco de sal. Em seguida,
acrescente os pimentões, o alho-poró e a alga e salteie por mais 1 minuto.

3 Junte o leite de coco, o caldo, as pimentas, o chimichurri, a páprica, o tomate, o gengibre, o molho de
tomate, o requeijão, a biomassa e a cúrcuma e deixe ferver por 15-20 minutos, até encorpar bem.

4 Enquanto isso, doure a banana dos dois lados em uma frigideira com um fio de azeite. Adicione a mostarda,
acerte o sal e desligue o fogo.

5 Junte a banana à panela com a moqueca e misture delicadamente. Sirva quente, espalhando o coentro e o
queijo ralado por cima.

Você também pode servir esta moqueca dentro de minimorangas. Corte o topo delas e reserve. Cozinhe em
água fervente abundante por 15 minutos. Escave o miolo com uma colher (se quiser usar o miolo na receita,
substitua pela mesma quantidade de biomassa) e recheie com a moqueca. Outra dica é servir acompanhada
de arroz vermelho e farofa com açafrão.

Cuscuz paulista

Costumo servir este prato com uma salada de tomatinhos picados e temperados com azeite, pasta de alho, sal e cebolinha. O cuscuz também é ótimo para acompanhar sopas, em especial o consomê de tomate da página 112.

Rendimento: 12 porções | **Tempo de preparo:** 40 minutos

2 colheres (sopa) de azeite de oliva extra virgem

2 colheres (sopa) de cebola picada

2 dentes de alho picados

1 colher (sopa) de cebolinha picada (somente a parte branca)

½ xícara de palmito pupunha picado

½ xícara de ervilhas congeladas

1 xícara de tomate sem sementes picado

⅓ de xícara de pimenta biquinho

½ xícara de banana-nanica picada

½ xícara de azeitona cortada em rodelas

sal a gosto

2 xícaras de caldo de legumes (p. 17)

¼ de colher (chá) de colorau

¼ de colher (chá) de páprica defumada

1 xícara de farinha de milho em flocos grossos

½ xícara de farinha de mandioca torrada

suco de 1 limão

1½ xícara de molho de tomate (p. 58)

sal a gosto

1 colher (sopa) de salsinha picada

uma pitada de pimenta calabresa

1 colher (sopa) de coentro picado

12 ovos de codorna cozidos cortados ao meio

1 Coloque o azeite em panela média e leve ao fogo baixo para aquecer. Junte a cebola e refogue até dourar ligeiramente, sem queimar. Adicione o alho e a cebolinha e refogue por mais 1 minuto. Acrescente a pupunha, as ervilhas, o tomate, a pimenta biquinho, a banana e as azeitonas e refogue. Tempere com sal.

2 Despeje o caldo de legumes e junte o colorau e a páprica. Em seguida, aos poucos, adicione as farinhas, mexendo sem parar, até obter uma mistura uniforme e cremosa, mas não seca. Acrescente o suco de limão e o molho de tomate. Quando ferver, reduza o fogo e deixe apurar por alguns minutos. Desligue o fogo e junte a salsinha, a pimenta e o coentro.

3 Unte com azeite forminhas de minipudins e coloque porções de massa dentro de cada uma, apertando com as costas de uma colher para deixar bem firme e compacto.

4 Na hora de servir, desenforme cada cuscuz sobre um pratinho e decore com um ovo de codorna.

PARA ALIMENTAR O CORPO | 127

Polenta grelhada com ragu de lentilhas e gorgonzola

Costumo servir esta polenta também com o ragu de lentilhas da página 93, mas uma alternativa simples e ótima é picar tomates e azeitonas pretas em cubos pequenos e temperá-los com flor de sal, azeite e manjericão. O gorgonzola pode ser substituído por queijo feta, se você preferir um sabor mais suave.

Rendimento: 6 porções | **Tempo de preparo:** 30 minutos

Para a polenta

6 xícaras de caldo de legumes (p. 17)

1 xícara de fubá pré-cozido

¼ de colher (chá) de alecrim picado

sal a gosto

1 colher (sopa) de ghee

½ xícara de queijo parmesão ralado

Para o ragu

¾ de xícara de lentilha

2 xícaras de caldo de legumes (p. 17)

2 colheres (sopa) de ghee

1 colher (sopa) de cebola picada

1 colher (sopa) de salsão picado

1 dente de alho picado

2½ xícaras de shimeji picado

sal a gosto

curry em pó a gosto

½ xícara de tomate italiano sem sementes picado

¼ de xícara de vinho branco

¼ de colher (chá) de pimenta dedo-de-moça sem sementes picada

1 colher (sopa) de manjericão picado

2 folhas de sálvia picadas

½ xícara de queijo gorgonzola picado para servir

1 Faça a polenta. Em uma caçarola, coloque o caldo de legumes e leve ao fogo baixo até ferver. Acrescente o fubá aos poucos, mexendo sempre, e cozinhe por 2 minutos. Junte o alecrim e tempere com sal. Fora do fogo, adicione o ghee e o parmesão ralado, misturando rapidamente.

2 Despeje a mistura numa fôrma de bolo inglês, apertando-a com as costas de uma colher para que fique compacta. Cubra a fôrma com papel-alumínio e leve à geladeira por pelo menos 2 horas.

3 Cozinhe a lentilha no caldo de legumes por 5 minutos e reserve.

4 Numa panela, aqueça o ghee e refogue a cebola, o salsão e o alho por 2 minutos. Junte o shimeji e salteie por mais 2 minutos. Tempere com sal e curry e acrescente o tomate, a lentilha reservada, o vinho branco, a pimenta e as ervas e cozinhe em fogo baixo, até encorpar. Acerte o sal.

5 Corte a polenta em fatias grossas, mais ou menos da largura de um dedo. Aqueça uma chapa frisada ou uma bistequeira pincelada com azeite. Grelhe, virando a polenta por 3 minutos de cada lado. Sirva com o ragu de lentilhas quente e uma colherada do queijo gorgonzola.

Feijão-tropeiro

Minha versão deste prato leva amaranto – um grão funcional com alto teor de proteína – e tofu no lugar do torresmo e de outros ingredientes de origem animal, mas é tão substancioso quanto a receita tradicional. Costumo usar o feijão-cavalo, uma variedade muito comum no Paraná, mas você pode utilizar o feijão de sua preferência.

Rendimento: 4 porções | **Tempo de preparo:** 50 minutos

2 xícaras de feijão-cavalo cozido

3 dentes de alho picados

2 colheres (sopa) de manteiga de garrafa

sal e pimenta-do-reino moída na hora a gosto

2 colheres (sopa) de óleo de girassol

½ xícara de cebola roxa picada

½ xícara de farinha de linhaça

½ xícara de amaranto em flocos

1 xícara de couve finamente picada

1 ovo

1 xícara de tofu defumado cortado em cubinhos

2 colheres (sopa) de cebolinha picada

½ pimenta dedo-de-moça sem sementes picada

rodelas de laranja e pimenta biquinho para decorar

1 Refogue o feijão e metade do alho na manteiga de garrafa. Tempere com sal e pimenta e reserve.

2 Em uma panela de fundo grosso, aqueça metade do óleo e doure metade da cebola. Acrescente a farinha de linhaça e o amaranto e refogue por 1 minuto. Junte o restante do alho e cozinhe mais um pouco. Desligue o fogo e reserve.

3 Em outra panela, coloque o restante do óleo e da cebola e refogue por 1 minuto. Junte a couve e cozinhe até murchar ligeiramente. Depois quebre o ovo e mexa para misturar com a couve e dourar. Coloque o tofu defumado e acrescente esses dois ingredientes ao refogado do feijão.

4 Finalize com a cebolinha e a pimenta dedo-de-moça. Decore com a laranja e a pimenta biquinho.

> Você também pode usar quinoa fervida e frita rapidamente, para dar uma crocância especial a este prato.

Calzone de taioba, cogumelo e pupunha

O truque para cozinhar com taioba, uma verdura muito saborosa e mais macia que a couve, é retirar o excesso do caule e utilizar as folhas de tamanho médio, pois concentram mais o sabor. Na hora de comprar, um cuidado: as folhas de taioba são muito parecidas com as do inhame, mas estas últimas podem ser tóxicas, então procure um fornecedor de confiança.

Rendimento: 12 porções | **Tempo de preparo:** 1 hora

Para a massa

1 colher (sopa) de fermento biológico seco

¼ de xícara de água morna

2½ xícaras de farinha de trigo orgânica

½ xícara de farinha de centeio

1 colher (chá) de açúcar mascavo

1 colher (chá) de sal marinho

1 colher (sopa) de ghee gelado

1 colher (sopa) de creme de leite fresco

½ xícara de batata cozida e amassada

1 colher (sopa) de salsinha picada

uma pitada de orégano

½ xícara de leite, se necessário

1 ovo batido para pincelar

1 colher (sopa) de gergelim preto

Para o recheio

2 colheres (sopa) de ghee

½ cebola picada

1 xícara de palmito pupunha picado

½ xícara de salsão picado

5 xícaras de cogumelo fresco cortado em lâminas

1 colher (chá) de alho bem picado

1 xícara de taioba finamente fatiada

½ xícara de azeitonas verdes picadas

½ xícara de tomate italiano sem pele e sem sementes

½ xícara de molho de tomate (p. 58)

½ colher (chá) de orégano

1 colher (sopa) de molho inglês

sal marinho a gosto

2 colheres (sopa) de queijo mozarela ralado

1 Para fazer a massa, dissolva o fermento na água morna e deixe agir por 10 minutos.

2 Passado esse tempo, coloque os dois tipos de farinha em uma tigela e acrescente o fermento diluído, o açúcar, o sal, o ghee, o creme de leite, a batata e as ervas. Misture primeiro com uma espátula e depois com as mãos. Sove bem, até incorporar bem a massa e ela soltar das mãos. Se estiver muito seca, regue com o leite aos poucos, até dar o ponto. Deixe a massa descansar por 15 minutos.

3 Enquanto isso, faça o recheio. Aqueça o ghee numa frigideira em fogo baixo e refogue a cebola e a pupunha até dourarem bem. Em seguida, aumente para fogo alto, acrescente o salsão e o cogumelo e refogue por 2 minutos. Reduza para fogo baixo e junte o alho e a taioba, salteando até murchar. Adicione a azeitona, o tomate e o molho de tomate e misture. Tempere com o orégano, o molho inglês e sal e mexa mais uma vez. Desligue o fogo e espere esfriar antes de rechear.

4 Preaqueça o forno a 180 °C.

5 Para montar o calzone, abra a massa sobre uma superfície enfarinhada com o auxílio de um rolo e forme um disco grande. Transfira para a assadeira antes de rechear para não romper a massa.

6 Espalhe o recheio já frio, salpique o queijo mozarela ralado por cima e feche a massa no formato de um pastelão, fechando as bordas como se fosse uma empanada.

7 Pincele o ovo batido e salpique o gergelim preto. Leve ao forno por 25 minutos, até dourar. Aguarde alguns minutos antes de abrir, para o recheio não escorrer muito.

Hambúrguer de cogumelos em crosta de farinha de mandioca com homus de cenoura

A lista de ingredientes é extensa, o que traz camadas de textura e sabor. Se você não encontrar a farinha de mandioca amarela, use a branca mesmo, mas toste-a por alguns minutos na frigideira sem óleo. O homus de cenoura é uma ótima alternativa à manteiga para espalhar no pão e obter um lanche rápido e saudável.

Rendimento: 4 porções | **Tempo de preparo:** 50 minutos

Para os hambúrgueres

½ xícara de feijão-azuqui cozido

½ xícara de caldo de legumes (p. 17)

1 colher (sopa) de azeite de oliva extra virgem

½ xícara de alho-poró picado

folhas de 1 ramo de tomilho

2 dentes de alho pequenos amassados

1 xícara de pinhão cozido ralado grosso

1 tomate italiano sem pele e sem sementes cortado
  em cubos pequenos

1 xícara de shitake picado

1 xícara de shimeji picado

2 colheres (sopa) de shoyu (molho de soja) light

½ xícara de castanha de caju torrada e picada

5 colheres (sopa) de molho de tomate (p. 58)

¼ de colher (chá) de curry em pó

1 colher (chá) de gengibre ralado

½ colher (sopa) de missô

uma pitada de páprica defumada

1 colher (sopa) de farelo de aveia

4 colheres (sopa) de queijo parmesão ralado na hora

3 colheres (sopa) de cebolinha picada

2 colheres (sopa) de salsinha picada

sal a gosto

1 colher (sopa) de óleo de soja

2 ovos batidos para empanar

2 xícaras de farinha de mandioca amarela moída,
  para empanar

Para o homus de cenoura

1 xícara de grão-de-bico cozido sem casca

1 xícara de cenoura cozida

1 colher (sopa) de tahine

suco de 1 limão

1 colher (sopa) de óleo de macadâmia ou qualquer
  óleo vegetal prensado a frio

1 dente de alho grande amassado

½ xícara de caldo de legumes (p. 17)

sal a gosto

1 colher (sopa) de salsinha picada

1 Bata o feijão-azuqui e o caldo de legumes no liquidificador, até obter uma pasta cremosa. Reserve.

2 Aqueça o azeite numa panela média e refogue ligeiramente o alho-poró, o tomilho e o alho. Acrescente o pinhão ralado, o tomate, os cogumelos e o shoyu e salteie por 1 minuto. Junte a castanha de caju, o molho de tomate, os temperos (curry, gengibre, missô e páprica) e o farelo de aveia. Mexendo sem parar, cozinhe até quase secar e formar uma massa úmida.

3 Desligue o fogo e adicione a pasta de feijão reservada, o parmesão, a cebolinha e a salsinha. Tempere com sal, se necessário. Despeje a mistura numa fôrma refratária pequena e leve à geladeira por 1 hora.

4 Passado esse tempo coloque cerca de duas colheradas da massa dentro de aros de metal de 9 cm de diâmetro, formando pequenos hambúrgueres. Grelhe em uma frigideira pincelada com o óleo por 2 minutos de cada lado. A seguir, passe cada hambúrguer no ovo batido e depois empane-os na farinha.

5 Disponha os hambúrgueres numa fôrma refratária e leve para assar em forno preaquecido a 180 °C por 5 minutos.

6 Para fazer o homus de cenoura, bata todos os ingredientes no liquidificador, exceto a salsinha, até virar um creme. Desligue e misture a salsinha. Sirva com os hambúrgueres assim que saírem do forno, acompanhados de cogumelos inteiros salteados e salada de brotos de feijão.

Nhoque assado de aipim com pesto de ervilha e limão-siciliano

Uma das coisas mais estimulantes na cozinha é poder fazer releituras de pratos clássicos. Nesse exercício de criatividade, parto das receitas consagradas e experimento ingredientes variados, sempre em busca da inovação. Aqui, o aipim toma o lugar da batata e faz bonito no nhoque.

Rendimento: 5 porções | **Tempo de preparo:** 40 minutos

Para o nhoque

2½ xícaras de aipim sem casca

1 colher (sopa) de ghee

3 xícaras de folhas de espinafre rasgadas

sal marinho ou sal defumado a gosto

¾ de xícara de farinha de rosca

4 colheres (sopa) de queijo parmesão ralado

1 colher (sopa) de salsinha picada

1 colher (sopa) de azeite de oliva extra virgem

raspas de casca de limão-siciliano para finalizar

Para o pesto

1 cebola branca pequena ralada

1 colher (sopa) de azeite de oliva extra virgem

3 xícaras de ervilha congelada

¾ de xícara de batata cozida e amassada

1 xícara de caldo de legumes (p. 17)

1 colher (sopa) de hortelã picada

2 colheres (sopa) de suco de limão-siciliano

sal a gosto

1 Coloque o aipim na panela de pressão e cozinhe por 15 minutos, contados a partir do momento em que a panela começar a chiar, até amolecer sem desmanchar. Desligue o fogo e deixe a pressão sair naturalmente antes de abrir a panela. Passe o aipim ainda morno pelo espremedor para retirar os fios e reserve em uma tigela grande.

2 Preaqueça o forno a 200 °C.

3 Em uma caçarola grande, aqueça o ghee e refogue rapidamente o espinafre, temperando com sal. Transfira para a tigela com o aipim espremido e adicione a farinha de rosca, o parmesão, a salsinha e o azeite. Misture até incorporar tudo e obter uma massa macia.

4 Transfira a massa para uma superfície lisa e enfarinhada com farinha de rosca e modele rolos com a espessura de dois dedos. Corte com uma faca, formando os nhoques.

5 Disponha os nhoques em uma assadeira antiaderente e leve para assar por 10 a 15 minutos, ou até dourar.

6 Enquanto isso, prepare o pesto. Refogue a cebola no azeite, até dourar. Acrescente a ervilha, a batata e o caldo de legumes e cozinhe por alguns minutos, até a ervilha ficar macia. Transfira para o liquidificador e bata até obter um creme homogêneo. Coloque de volta na mesma panela e acrescente a hortelã e o suco de limão. Tempere com sal e deixe engrossar um pouco. Sirva morno sobre os nhoques salpicados com as raspas de limão-siciliano.

Surpresa de cogumelos e folhas de cenoura

Nesta receita, você pode usar diversos tipos de cogumelo fresco: paris, portobello, pleurotus rosa, porcini, creminii, moriles, hidratake salmon, shimeji, enoki, cardoncello... Escolha três ou quatro de sua preferência e faça combinações deliciosas. Outra dica desta receita é aproveitar partes dos alimentos que normalmente seriam descartadas; esse, na realidade, é um dos princípios fundamentais da gastronomia consciente.

Rendimento: 4 porções | Tempo de preparo: 1h30

Para a massa

2½ xícaras de farinha de trigo orgânica

½ xícara de farinha de trigo integral

1 colher (chá) de sal marinho

1¾ xícara de manteiga gelada

4 gemas

água gelada o quanto baste

Para a farofa

1½ xícara de farinha de trigo orgânica

150 g de manteiga gelada

1 colher (chá) de sal marinho

Para o recheio

2 colheres (sopa) de ghee

½ xícara de cebola roxa bem picada

tomilho fresco a gosto

5 xícaras de cogumelos picados

1 xícara de palmito pupunha fresco picado

2 xícaras de folhas de cenouras picadas

2 dentes de alho bem picados

¼ de xícara de conhaque (opcional)

1 xícara de tomate italiano sem pele
  e sem sementes picado

1 colher (chá) de mostarda de Dijon

1½ xícara de requeijão

1½ xícara de molho de tomate (p. 58)

1 colher (sopa) de cebolinha picada

1 colher (sopa) de molho inglês

1 colher (sopa) de fécula de batata

3 colheres (sopa) de água

sal a gosto

1 ovo, clara e gema separada para pincelar

gergelim preto para polvilhar

1 Comece pela massa. Peneire as farinhas e o sal numa tigela grande. Junte a manteiga e esfarele com a ponta dos dedos até formar uma farofa grossa. A seguir, acrescente as gemas ligeiramente batidas com um pouco de água e amasse sem sovar muito, somente para incorporar e a massa ficar macia. Se necessário, adicione um pouco mais de água até dar o ponto da massa. Reserve.

2 Para a farofa, coloque a farinha, a manteiga e o sal em uma tigela e esfarele com a ponta dos dedos até formar uma farofa grossa.

3 Abra a massa reservada com um rolo e espalhe a farofa por cima. Enrole como se fosse um rocambole. Cubra com filme de PVC e leve à geladeira enquanto prepara o recheio.

4 Aqueça o ghee numa panela em fogo médio e refogue a cebola, até dourar. Acrescente o tomilho e os cogumelos e refogue rapidamente, por 4 ou 5 minutos apenas, para não juntar água e manter a textura. Em seguida, adicione a pupunha, as folhas de cenoura e o alho. Regue com o conhaque e deixe o álcool evaporar por cerca de 2 minutos. Junte o restante dos ingredientes e finalize com a fécula de batata previamente dissolvida na água. Mexendo sempre, cozinhe em torno de 8 minutos, até a mistura encorpar. Deixe amornar enquanto prepara os ramequins de tamanho médio.

5 Preaqueça o forno a 180 °C. Retire a massa da geladeira e desenrole. Usando um aro de metal ou um copo, faça discos um pouco maiores do que o tamanho do ramequim e besunte a borda de cada um deles com a clara ligeiramente batida.

6 Coloque porções de creme de cogumelo dentro de cada ramequim e tampe cada um deles com um círculo de massa, prendendo bem na borda (veja foto ao lado). Pincele a superfície da massa com a gema e polvilhe o gergelim por cima. Leve para assar em forno preaquecido por cerca de 20 minutos, até dourar, e sirva em seguida.

Tortinha de milho e alho-poró

Que tal variar o trivial? Em vez de preparar o tradicional creme de milho, incremente a receita e prepare esta tortinha cremosa com ingredientes fáceis, disponíveis em qualquer despensa. O toque especial fica por conta do nirá, uma erva bastante usada pelos chineses, mas você pode substituir pela de sua preferência.

Rendimento: 4 porções | **Tempo de preparo:** 50 minutos

Para a massa

¾ de xícara de farinha de rosca, mais um pouco
 para cobrir
2 colheres (sopa) de ghee
uma pitada de sal

Para o recheio

2 colheres (sopa) de cebola ralada
1 colher (sopa) de azeite de oliva extra virgem
2½ xícaras de milho cozido

2 xícaras de alho-poró picado
½ colher (sopa) de alho amassado
sal a gosto
1 xícara de nata ou creme de leite fresco
1 xícara de requeijão cremoso
1 colher (sopa) de fécula de batata
2 colheres (sopa) de salsinha picada
2 colheres (sopa) de nirá
5 minimilhos para decorar

1   Preaqueça o forno a 180 °C.
2   Para preparar a massa, misture a farinha, o ghee e o sal com a ponta dos dedos, até formar uma farofa. Divida entre quatro ramequins médios, alisando com a ajuda de uma colher, e leve para assar por 5 minutos enquanto prepara o recheio.
3   Em uma panela, refogue a cebola no azeite, até dourar. Acrescente o milho, o alho-poró, o alho, tempere com sal e refogue por mais uns minutos. Adicione a nata, o requeijão e a fécula de batata e cozinhe até engrossar, mexendo sempre. Junte a salsinha e o nirá.
4   Retire os ramequins do forno, distribua o recheio sobre a massa e polvilhe um pouco de farinha de rosca por cima. Leve de volta ao forno por mais 3 minutos, até formar uma casquinha crocante. Decore com o minimilho e sirva em seguida.

Farofa de erva-mate

Muito tradicional no sul do Brasil e também entre alguns de nossos vizinhos no Cone Sul, a erva-mate é usada principalmente na preparação do chimarrão. De tão aromática e saborosa, quis levá-la a outros cantos da culinária e ela veio parar aqui, nesta farofa deliciosa.

Rendimento: 6 porções | **Tempo de preparo:** 20 minutos

1 colher (sopa) de óleo de girassol

½ xícara de cebola branca bem picada

3 colheres (sopa) de ghee

2 dentes de alho picados

1 xícara de farinha de mandioca branca

1 colher (sopa) de erva-mate fina

sal e pimenta-do-reino a gosto

1 colher (sopa) de salsinha picada

1 Em uma panela de ferro, aqueça o óleo e refogue a cebola, até dourar bem. Acrescente o ghee, espere derreter e refogue o alho. Junte a farinha e a erva-mate e refogue por mais 5 minutos. Tempere com sal e pimenta. Antes de servir, espalhe a salsinha por cima.

> Você também pode usar farinha de milho amarela ou branca.

PARA ALIMENTAR O CORPO | 143

Suflê de quirerinha

A quirerinha é um milho moído; em muitos lugares, ainda se conserva a tradição de moê-lo manualmente. Antigamente era comida de galinhas. Hoje, com a valorização da culinária brasileira, este é um ingrediente que pode ser muito valorizado e versátil.

Rendimento: 5 porções | **Tempo de preparo:** 40 minutos

½ xícara de cebola ralada

2 colheres (sopa) de ghee

½ xícara de tomate seco picado

1½ xícara de milho cozido

½ xícara de ervilha fresca descongelada

1 dente de alho picado

sal a gosto

½ xícara de quirerinha cozida

2 xícaras de caldo de legumes (p. 17)

½ xícara de molho de tomate (p. 58)

1¾ xícara de mozarela de búfala ralada

¾ de xícara de queijo provolone ralado

3 ovos orgânicos, gemas e claras separadas

1 colher (chá) de mix de ervas (tomilho, alecrim e sálvia)

noz-moscada a gosto

1 Unte cinco ramequins com óleo. Preaqueça o forno a 170 °C.

2 Em uma panela de fundo grosso, refogue a cebola no ghee até dourar. Junte o tomate seco, o milho, a ervilha e o alho e tempere com sal. Adicione a quirerinha, o caldo de legumes e o molho de tomate e deixe ferver em fogo baixo por mais 5 minutos. Desligue o fogo e acrescente os queijos, as gemas e as ervas. Deixe amornar.

3 Enquanto isso, bata as claras em neve em picos firmes. Junte duas colheradas à mistura de quirerinha e misture delicadamente, em movimentos circulares de baixo para cima, até incorporar bem. Junte o restante das claras em neve e misture. Tempere com noz-moscada a gosto.

4 Leve ao forno para assar por 20 minutos ou até crescer um pouco e dourar. Sirva em seguida.

Rocambole de queijo coalho e abóbora-menina

Esta é uma massa versátil que pode servir para centenas de recheios. Aqui utilizo abóbora-menina, um ingrediente bem brasileiro.

Rendimento: 8 porções | **Tempo de preparo:** 1h30

Para a massa

3 colheres (sopa) de manteiga amolecida misturada
  com ervas picadas

50 g de queijo parmesão ralado

2½ xícaras de queijo coalho ralado

¾ de xícara de nata ou creme de leite

4 ovos, gemas e claras separadas

6 folhas de manjericão picadas

sal e pimenta-do-reino a gosto

Para o recheio

3 xícaras de abóbora-menina cozida e espremida

½ xícara de batata cozida e espremida

1 colher (sopa) de salsinha picada

½ xícara de queijo parmesão ralado

1. Preaqueça o forno a 200 °C. Forre uma fôrma retangular de 22 x 32 cm com papel-manteiga. Unte o papel com a manteiga de ervas e polvilhe o parmesão ralado.

2. Em uma tigela grande, coloque o queijo coalho, a nata, as gemas e o manjericão. Tempere com sal e pimenta. Misture com um fouet (batedor manual) e reserve.

3. Bata as claras em neve, até obter picos firmes. Adicione duas colheradas ao creme de queijo reservado e misture delicadamente com movimentos circulares, de baixo para cima, até incorporar bem. Junte o restante das claras em neve e misture até ficar homogêneo.

4. Transfira para a fôrma preparada e leve para assar por 12 minutos ou até dourar. Enquanto isso, misture todos os ingredientes do recheio em uma tigela e reserve.

5. Desenforme a massa ainda morna sobre um pano limpo e úmido. Espalhe o recheio, deixando um espaço de um dedo em todas as bordas. Com o auxílio do pano, enrole com cuidado o rocambole, começando pelo lado menor.

6. Sirva em temperatura ambiente, ou, se desejar, salpique um pouco de parmesão ralado por cima e leve ao forno por alguns minutos para gratinar.

PARA ALIMENTAR O CORPO

Risoto negro na burrata

A burrata é um queijo fresco de origem italiana, quase um misto de mozarela de búfala e manteiga, e deve ser consumido sempre frio. Aqui combinei sua maciez com a leve crocância da quinoa. Esta receita também fica ótima com outros tipos de queijo, como o da Serra da Canastra, o Serrano ou o de Marajó.

Rendimento: 2 porções | **Tempo de preparo:** 30 minutos

½ xícara de quinoa negra

2½ xícaras de caldo de legumes (p. 17)

½ xícara de funghi seco

1 colher (sopa) de azeite de oliva extra virgem

¼ de xícara de cebola roxa picada

1 colher (sopa) de alho negro picado

sal a gosto

1 xícara de grão-de-bico cozido

¼ de xícara de vinho branco seco

¼ de colher (chá) de açafrão em pó

1 colher (sopa) de creme de leite

1 colher (sopa) de ghee

Para montar o prato

2 burratas

10 tomates-cereja cortados ao meio, mais alguns inteiros para decorar

10 pontas de aspargo branco em conserva

8 castanhas-do-pará torradas picadas, mais algumas inteiras para decorar

6 ovos de codorna cortados ao meio

2 colheres (sopa) de cebolinha picada

folhas de manjericão a gosto

1   Lave bem a quinoa em água corrente, para tirar o amargor. Aqueça o caldo de legumes e despeje sobre o funghi em uma tigela grande. Deixe hidratar por 1 hora. Escorra o funghi e passe o caldo por uma peneira fina. Reserve os dois separadamente.

2   Em uma panela grande, aqueça o azeite em fogo baixo e refogue a cebola, até dourar bem. Junte o funghi e o alho, tempere com sal e refogue por 1 minuto, mexendo sempre para não queimar e amargar. Adicione a quinoa, o grão-de-bico e o vinho e misture bem, deixando evaporar todo o álcool. Acrescente o caldo de funghi reservado e o açafrão e cozinhe por 10 minutos.

3   Se necessário, regue com um pouco do líquido do caldo de cozimento do funghi para não ressecar; o risoto deve ficar sempre úmido e cremoso. Nos minutos finais, acrescente o creme de leite e o ghee.

4   Arrume uma burrata em cada prato. Com uma faquinha afiada, faça um corte no centro de cada uma, sem separar muito as metades, apenas o suficiente para colocar um pouco do risoto no meio. Decore com o tomate-cereja, as pontas de aspargo, a castanha-do-pará, o ovo de codorna, a cebolinha e o manjericão. Sirva em seguida.

Para adoçar o paladar

Doces e sobremesas de comer ajoelhado

Elogio ao caju

Aproveite a época de caju para multiplicar esta receita e ter sempre a adorável doçura da fruta disponível na sua despensa. Por causa do açúcar, esta compota se conserva por meses se for bem acondicionada em potes herméticos esterilizados (veja como fazer isso na dica da página 15).

Rendimento: 10 porções | **Tempo de preparo:** 30 minutos

10 cajus maduros
suco de 1 limão
1 xícara de açúcar demerara
8 cravos-da-índia
folhas de hortelã para decorar
nata ou creme de leite fresco para servir

1   Lave bem a castanha dos cajus e depois descasque as frutas sem separar as duas partes. Use um garfo pequeno para fazer furos em toda a polpa. Esprema-os sobre uma tigelinha e reserve esse líquido.

2   Coloque os cajus espremidos em uma panela, regue com o suco de limão e cubra com água fria. Leve ao fogo alto até ferver e cozinhe por 15 minutos.

3   Desligue o fogo e escorra os cajus, descartando a água. Recoloque-os na panela junto com o líquido reservado, o açúcar e o cravo. Leve de volta ao fogo e deixe ferver por 30 minutos. Se necessário, acrescente mais água aos poucos, só para cobrir os cajus.

4   Transfira as frutas para uma compoteira com tampa e leve à geladeira por pelo menos 1 hora. Antes de servir, decore com folhas de hortelã e acompanhe com uma colherada de nata ou creme de leite fresco batido.

Marinada doce de maracujá e mascarpone

Uma de minhas sobremesas preferidas, tanto pela simplicidade quanto pela harmonia de sabores. Experimente também regar com um pouco de chocolate derretido.

Rendimento: 4 porções | **Tempo de preparo:** 15 minutos

2 maracujás doces

5 bananas-pacová cortadas em rodelas

1 xícara de morango orgânico cortado em lâminas

1 xícara de physalis

1 xícara de açúcar mascavo

1 colher (sopa) de cardamomo em pó

1 colher (sopa) de hortelã picada

flor de sal a gosto

favo de mel a gosto

queijo mascarpone a gosto

1. Corte os maracujás ao meio, retire a polpa com uma colher (reserve as cascas) e coloque em uma tigela. Junte a banana, o morango, a physalis e o açúcar e misture bem. Adicione o cardamomo e a hortelã e misture mais uma vez.

2. Distribua a salada de frutas entre as metades de maracujá. Salpique flor de sal, regue com o mel e disponha uma colherada de mascarpone por cima antes de servir.

A physalis é um fruto pequeno e alaranjado, que lembra a acerola, mas com sabor mais azedinho. É ótima para bolos e tortas e pode substituir a cereja na decoração, pois seu casulo de folhas verde-claras dá um visual muito bonito aos pratos.

PARA ADOÇAR O PALADAR

Beijinho de damasco e maçã verde

Trufa de tâmara e yacon

Arancino doce de pinhão

Beijinho de damasco e maçã verde

Sirva estes docinhos simples de preparar em festas infantis e estimule as crianças a comer de forma mais saudável.

Rendimento: 10 porções | **Tempo de preparo:** 20 minutos

10 damascos

½ maçã verde ralada no ralo grosso

½ pera ralada no ralo grosso

suco de 1 laranja

80 g de castanha de caju bem picada

4 colheres (sopa) de coco fresco ralado

2 colheres (sopa) de açúcar de coco

2 colheres (sopa) farelo de aveia

2 colheres (sopa) de óleo de coco

coco queimado para envolver

1 Coloque os damascos em uma tigelinha e cubra com água morna. Deixe hidratar por 2 horas e escorra, descartando a água. Transfira para o processador e bata até obter um purê grosso.

2 Esprema a maçã ralada para retirar o excesso de líquido. Faça o mesmo com a pera e regue ambas com o suco de laranja para evitar que escureçam.

3 Em uma tigela, coloque a castanha de caju, o coco fresco ralado, o açúcar de coco e o farelo de aveia. Despeje o óleo de coco e misture bem até formar uma pasta. Se o óleo de coco estiver solidificado, aqueça por alguns minutos no micro-ondas e espere esfriar antes de usar.

4 Leve para firmar na geladeira por pelo menos 2 horas.

5 Passado esse tempo, a massa está pronta para ser enrolada. Umedeça as mãos com um pouco de óleo de coco e modele pequenas porções de massa em bolinhas do tamanho desejado. Passe pelo coco queimado e sirva em seguida ou guarde na geladeira até a hora de consumir.

Trufa de tâmara e yacon

O pacová é a chamada baunilha do Cerrado. Com toques cítricos e mentolados, dá um ar diferente ao preparo por conta de seu sabor pronunciado. Procure em lojas de produtos naturais ou nos mercados municipais; se não encontrar, utilize a mesma quantidade de bagas de cardamomo.

Rendimento: 10 porções | **Tempo de preparo:** 20 minutos

10 tâmaras sem caroço

½ xícara de batata yacon ralada no ralo grosso

2 colheres (sopa) de noz-pecã torrada e moída

2 colheres (sopa) de chocolate sem açúcar bem picado

1 colher (sopa) de creme de avelã sem lactose

1 colher (sopa) de óleo de coco

1 colher (sopa) de licor de cacau (opcional)

2 bagos de pacová esmigalhados

raspas da casca de 1 laranja orgânica

alfarroba em pó para envolver

1 Coloque as tâmaras em uma tigelinha e cubra com água morna. Deixe hidratar por 30 minutos e escorra, descartando a água. Transfira para o processador e bata até obter um purê grosso.

2 Em uma tigela grande, coloque a yacon, a noz-pecã, o chocolate e o creme de avelã e misture bem. Acrescente o óleo de coco e o licor e misture delicadamente, até incorporar os ingredientes e formar uma pasta. Por fim, junte o pacová e as raspas de laranja, mexendo mais uma vez.

3 Leve para firmar na geladeira por pelo menos 1 hora.

4 Passado esse tempo, a massa está pronta para ser enrolada. Umedeça as mãos com um pouco de óleo de coco e modele pequenas porções de massa em bolinhas do tamanho desejado. Passe pela alfarroba em pó e sirva em seguida ou guarde na geladeira até a hora de consumir.

PARA ADOÇAR O PALADAR

Arancino doce de pinhão

O pinhão é uma semente que deve muito à gralha azul, o pássaro símbolo do Paraná. Ela é o maior responsável pela reprodução da araucária, pois tem o hábito de plantar pinhões, enterrando-os com o bico no terreno perfeito e depois camuflando o local com folhas, pedras e galhos.

Rendimento: 40 porções | **Tempo de preparo:** 50 minutos

½ receita de miniarroz doce (p. 188)

1 xícara de coco fresco ralado grosso

1 xícara de pinhão sem casca cozido e ralado, mais um pouco para envolver

5 colheres (sopa) de leite em pó

1 colher (sopa) de açúcar demerara

cravos-da-índia para decorar

1 Coloque o arroz-doce no liquidificador e bata bem até formar uma pasta.

2 Transfira para uma panela e acrescente o coco e o pinhão ralados, o leite em pó e o açúcar. Leve ao fogo baixo e cozinhe, mexendo sempre, até desprender do fundo da panela. Desligue o fogo e deixe esfriar um pouco.

3 Quando a massa amornar, está pronta para ser enrolada. Modele pequenas porções de massa em bolinhas do tamanho desejado. Passe pelo pinhão ralado e decore com um cravo espetado. Sirva em seguida ou guarde na geladeira até a hora de consumir.

Manjar de coco com calda de ameixa-preta

Manjar de coco é uma daquelas receitas presentes em qualquer família de norte a sul do Brasil. Aqui apresento uma versão com um toque mais saudável, já que leva leite vegetal (veja as opções na página 18) e açúcar demerara, um meio-termo entre o açúcar refinado (já que preserva o melaço da cana) e o mascavo (já que é menos processado). A vantagem é que ele tem sabor mais suave e adoça na medida certa para transformar esta receita num verdadeiro manjar dos deuses.

Rendimento: 4 porções | **Tempo de preparo:** 30 minutos

Para o manjar

3 colheres (sopa) de amido de milho

2 xícaras de leite de castanhas (p. 18)

1¾ xícara de leite de coco (p. 18)

½ xícara de açúcar demerara

Para a calda de ameixa-preta

250 g de ameixa-preta seca sem caroço

2 colheres (sopa) de açúcar cristal

1 xícara de água de coco

100 g de coco queimado

¼ de xícara de suco de uva

lascas de coco fresco para decorar

1 Em uma panela fora do fogo, dilua completamente o amido de milho no leite de castanhas.

2 Leve a panela ao fogo baixo e acrescente o leite de coco e o açúcar demerara. Cozinhe por 15 minutos, mexendo sempre, até engrossar e ser possível enxergar o fundo da panela. Desligue o fogo e deixe amornar.

3 Em outra panela, coloque as ameixas, o açúcar cristal e a água de coco e cozinhe em fogo baixo, até as frutas quase desmancharem e se formar uma calda rala. Não mexa durante o cozimento para o açúcar não cristalizar. Desligue.

4 Em uma tigelinha, misture o coco queimado e o suco de uva, até todo o líquido ser absorvido.

5 Distribua a mistura de coco queimado entre taças individuais. Por cima, espalhe uma camada do creme já morno. No centro, coloque uma colherada da calda de ameixa.

6 Leve à geladeira por pelo menos 1 hora. Antes de servir, decore com as lascas de coco fresco.

PARA ADOÇAR O PALADAR

Trouxinha recheada com geleia de figo e de maná cubiu

Este recheio de figo combinado com as sementes de erva-doce fica surpreendentemente delicioso. A geleia de maná cubiu, feita com um fruto amazônico que lembra um caqui silvestre, de excepcional sabor cítrico e doce, dá um toque a mais ao recheio. Utilize ambas as geleias para variar outros pratos e recheios doces ou simplesmente passar numa torrada.

Rendimento: 35 unidades | **Tempo de preparo:** 2 horas

Para a massa

2½ xícaras de farinha de trigo orgânica

8 colheres (sopa) de manteiga gelada

uma pitada de canela em pó

1 colher (sopa) de açúcar demerara

1 gema ligeiramente batida

4 colheres (sopa) de água gelada e mais, se necessário

Para a geleia de figo

5 figos roxos maduros cortados ao meio

2 xícaras de açúcar mascavo

½ colher (chá) de sementes de erva-doce

suco de 1 limão

⅓ de xícara de aveia em flocos finos

Para a geleia de maná cubiu

5 manás cubiu maduros sem a casca

4 xícaras de água

1 xícara de açúcar cristal

suco de 1 limão-siciliano

1 ovo, clara e gema separadas

1 Na véspera, misture os figos com o açúcar e a erva-doce e reserve na geladeira.

2 Retire a mistura de figo da geladeira e transfira para uma panela. Leve ao fogo baixo, mexendo sempre. Quando começar a ferver, cozinhe por 25 minutos, até ficar espesso, mexendo de vez em quando. Acrescente o suco de limão e a aveia e misture. Desligue e espere esfriar.

3 Prepare também a geleia de maná cubiu, colocando todos os ingredientes em uma panela de fundo grosso. Leve ao fogo baixo e cozinhe por 1h30, até reduzir e formar uma pasta cremosa. Desligue e espere esfriar.

4 Preaqueça o forno a 180 °C e prepare a massa. Coloque a farinha e a manteiga em uma tigela e esfarele com as pontas dos dedos até formar uma farofa grossa. Acrescente a canela, o açúcar e a gema batida com a água. Misture até obter uma massa lisa.

5 Abra a massa com um rolo sobre uma superfície enfarinhada. Trabalhe do centro para as bordas, tentando formar um retângulo. Polvilhe a canela e o açúcar. Corte quadrados de massa com 6 cm. Pincele as bordas com a clara. Recheie metade com uma colherada da geleia de figo e a outra metade com a geleia de maná cubiu e feche as trouxinhas, levantando as pontas e unindo-as sobre o recheio (veja foto ao lado).

6 Arrume as trouxinhas em uma assadeira untada. Pincele a gema e asse por 20 minutos, ou até dourar.

PARA ADOÇAR O PALADAR

Pavê de doce de leite e castanhas

Sempre que preparo as receitas de família, sinto um turbilhão de emoções e sensações. Fecho os olhos e consigo voltar à minha infância, quando minha mãe preparava este doce especialmente para o meu aniversário. Eu nem queria presente; esta sobremesa, que ela sempre fazia com tanto amor, já era suficiente.

Rendimento: 12 porções | **Tempo de preparo:** 50 minutos

1 xícara de manteiga sem sal

1 xícara de açúcar demerara

2 gemas

1 lata de creme de leite de soja

2 xícaras de castanha-do-pará finamente picada

1½ xícara de avelã finamente picada

1 xícara de amendoim sem casca finamente picado

1 lata de doce de leite

2 pacotes de bolacha maria

2 xícaras de leite

1. Na tigela da batedeira, coloque a manteiga, o açúcar e as gemas e bata por uns 5 minutos, até obter um creme esbranquiçado. Desligue a batedeira e acrescente o creme de leite e metade da castanha-do-pará e da avelã, mexendo até incorporar. Reserve. Em outra tigela, misture o doce de leite e o amendoim e reserve.

2. Despeje o leite em um prato raso e umedeça ligeiramente as bolachas, poucas por vez. Disponha-as no fundo de uma travessa de servir. Por cima, espalhe metade do creme de castanha e a macadâmia picada. Cubra com mais uma camada de bolacha embebida no leite e metade do doce de leite. Repita o procedimento com o restante das bolachas, do creme de castanha e do doce de leite. Finalize com o restante da castanha-do-pará moída.

3. Leve à geladeira para firmar por pelo menos 4 horas antes de servir.

Musse de abacate e cacau em pó

Esta é, certamente, uma das receitas mais fáceis deste livro, mas nem de longe fica devendo em termos de sabor. A cremosidade do abacate dá a consistência perfeita para a musse, e o gengibre dá o toque picante que faz o doce ganhar ares de festa. Se quiser, use alfarroba, um ótimo substituto para o cacau. É extraída das vagens de uma árvore nativa da costa do Mediterrâneo que, após torradas e moídas, dão origem a um pó muito parecido com o cacau. A aparência e a textura são idênticas ao chocolate, e o sabor é muito parecido. A principal diferença, no entanto, é nutricional, pois a alfarroba não possui estimulantes, como a cafeína e a teobromina.

Rendimento: 2 porções | **Tempo de preparo:** 10 minutos

1 abacate médio maduro picado

2 colheres (sopa) de cacau em pó, mais um pouco para polvilhar

2 colheres (sopa) de melado de cana

1 colher (chá) de gengibre ralado

¼ de xícara de avelã hidratada em água por 8 horas e escorrida

raspas da casca de 1 limão-siciliano

1 Coloque todos os ingredientes no liquidificador e bata até obter uma consistência cremosa. Se preferir, coloque tudo em uma tigela grande e bata com o mixer.

2 Transfira para uma travessa de servir ou sirva em taças individuais. Leve à geladeira por pelo menos 2 horas e polvilhe a alfarroba antes de servir.

> Na hora de levar a musse à mesa, decore com castanhas-do-pará grosseiramente picadas ou com folhas de hortelã.

PARA ADOÇAR O PALADAR

Sorvete de açaí com crumble de amendoim e rapadura

A rapadura é um subproduto da moagem da cana-de-açúcar, um açúcar realmente integral. Com leve sabor de caramelo, fica ótima neste crumble, que pode ser servido com outros sabores de sorvete e até salpicado em uma salada de frutas ou no iogurte.

Rendimento: 5 porções | **Tempo de preparo:** 20 minutos

Para o sorvete

2 bananas-nanicas médias com casca

8 colheres (sopa) de polpa de açaí

6 tâmaras sem caroço

5 mirtilos

5 framboesas

4 morangos

2 colheres (sopa) de melado de cana

1 colher (chá) de suco de limão

uma pitada de canela em pó

uma pitada de sal marinho

Para o crumble

¾ de xícara de ghee gelado em cubos

¾ de xícara de farinha de coco

1 xícara de rapadura esmigalhada

¾ de xícara de aveia em flocos finos

½ xícara de amendoim sem casca torrado e moído

1 colher (chá) de fermento químico em pó

1   Na véspera, coloque as bananas no congelador e deixe por pelo menos 12 horas. Passado esse tempo, retire-as e deixe descongelarem um pouco antes de descascar.

2   Coloque a banana no processador e acrescente a polpa de açaí, as demais frutas, a canela e o sal. Use a função "pulsar" para bater até obter um creme grosso. Transfira para um recipiente com tampa e leve ao congelador por pelo menos 4 horas, para firmar.

3   Preaqueça o forno a 180 °C.

4   Prepare o crumble. Coloque o ghee e a farinha de coco em uma tigela e esfregue com as mãos até obter uma farofa grossa. Junte a rapadura, a aveia, o amendoim e o fermento e misture.

5   Espalhe essa mistura em uma assadeira grande, nivelando com as mãos para obter uma camada uniforme. Leve ao forno preaquecido e asse por 15 minutos, até dourar e formar uma casquinha. Se necessário, revolva o crumble com uma espátula para desmanchar os grumos. Espere esfriar antes de servir sobre o sorvete.

PARA ADOÇAR O PALADAR | 171

Sopa gelada de poncã e caqui

Embora no Brasil a gente não tenha o costume de tomar sopas frias, elas são bastante comuns na culinária europeia, a exemplo do gaspacho e do ajo blanco espanhóis. Nesta versão doce, misturei o sabor cítrico da poncã com o adstringente do caqui para obter uma sopa leve e refrescante para o verão.

Rendimento: 2 porções | **Tempo de preparo:** 10 minutos

1 colher (sopa) de linhaça dourada

suco de 5 poncãs

3 caquis coração-de-boi maduros com casca

12 macadâmias grosseiramente picadas

8 morangos fatiados

cristais de gengibre e de açaí para decorar

coalhada fresca, iogurte e mel para servir

folhas de manjericão para decorar

1 Na véspera, deixe a linhaça de molho em água filtrada por pelo menos 8 horas. Ela vai ficar com a consistência de um gel, o que a torna muito mais saudável.

2 No dia seguinte, coloque no liquidificador o suco de poncã e o caqui picado e bata até ficar homogêneo. Junte a linhaça reservada, a macadâmia e o morango e misture com uma colher, sem bater.

3 Divida em porções individuais e decore com os cristais de gengibre e de açaí. Leve à geladeira por pelo menos 1 hora. Sirva acompanhado da coalhada fresca, misturada com iogurte e mel, e decore com manjericão.

PARA ADOÇAR O PALADAR | 173

Creme de abacate
com leite de coco e morango

Dizem que o abacate é um alimento tão completo que o ser humano conseguiria sobreviver alimentando-se apenas desse fruto. Verdade ou não, esta sobremesa é tão gostosa que você não vai mais querer saber de outra.

Rendimento: 2 porções | **Tempo de preparo:** 10 minutos

½ abacate médio maduro

½ xícara de leite de coco (p. 18)

1 xícara de morangos inteiros

2 colheres (sopa) açúcar demerara

¼ de xícara de caldo de cana

quinoa em flocos para decorar

1 Coloque todos os ingredientes (menos a quinoa) no liquidificador e bata até obter uma consistência cremosa. Se preferir, coloque tudo em uma tigela grande e bata com o mixer.

2 Transfira para uma travessa de servir ou distribua entre taças individuais. Leve à geladeira por pelo menos 2 horas e decore com a quinoa em flocos antes de servir.

PARA ADOÇAR O PALADAR | 175

Abacaxi assado com anis ao molho de banana

De onde venho, esta sobremesa tem o apelido de "galega"; desconfio que seja pelos diferentes tons de amarelo que se combinam aqui: o pálido do abacaxi com o ouro da banana... E a harmonia continua nos sabores, já que a acidez do primeiro completa a doçura da segunda.

Rendimento: 10 porções | **Tempo de preparo:** 30 minutos

Para o molho

2 bananas médias

suco de 1 limão

1¼ xícara de açúcar demerara

½ xícara de água filtrada

1 caixinha de creme de leite de soja

¾ de xícara de leite

Para o abacaxi

1 abacaxi pérola médio com casca e coroa

2 anises-estrelados moídos

5 colheres (sopa) de coco fresco ralado

1 Comece pelo molho. Corte as bananas em rodelas e regue com o suco de limão para não escurecer. Reserve.

2 Coloque o açúcar e a água em uma panela de fundo grosso e leve para cozinhar em fogo baixo, sem mexer, até obter um caramelo claro. Retire do fogo e adicione o creme de leite e o leite, misturando com uma espátula. Leve a panela de volta ao fogo médio e ferva por uns 20 minutos, mexendo sempre, até encorpar. Desligue o fogo e deixe amornar por 10 minutos.

3 Transfira o molho para o liquidificador, acrescente metade da banana e bata por 1 minuto. Passe por uma peneira fina, misture o restante da banana e leve à geladeira até a hora de usar.

4 Lave bem a casca do abacaxi com uma escova. Corte ao meio no sentido da largura e depois novamente ao meio no sentido do comprimento. Procure cortar ao meio também a coroa, para que o efeito na apresentação seja bem bonito. Se preferir, descasque o abacaxi e corte-o em fatias grossas.

5 Aqueça uma chapa de ferro ou uma bistequeira (para a fruta ficar com aquelas marcas de grelha) e pincele um pouco de manteiga. Grelhe o abacaxi por cerca de 3 minutos de cada lado. Polvilhe o anis e o coco ralado e regue com o molho de banana. Sirva ainda quente.

Esta receita também fica ótima se servida com um creme de castanha de caju: deixe 1 xícara de castanhas de caju inteiras de molho em 1 xícara de água de coco por 8 horas. Escorra o excesso e bata no liquidificador. Adoce com 2 colheres (sopa) de açúcar demerara e algumas gotas de baunilha e polvilhe com raspas de limão.

Maçã assada recheada com ambrosia e castanha de caju

A ambrosia é uma sobremesa muito tradicional no sul do Brasil. É a típica receita que passa da avó para os netos, um verdadeiro símbolo da comida reconfortante. Nesta receita, ela se torna um delicioso recheio para maçãs assadas.

Rendimento: 4 porções | Tempo de preparo: 30 minutos

Para as maçãs

4 maçãs golden

½ xícara de castanhas de caju picadas grosseiramente

2 xícaras de suco de laranja

Para a ambrosia

1 xícara de água

2½ xícaras de açúcar mascavo

3 ovos

2 xícaras de leite

2 cravos-da-índia

1 Comece pela ambrosia. Em uma panela média, coloque a água e o açúcar e leve ao fogo médio. Quando ferver, reduza o fogo e cozinhe por 10 minutos, até ficar com a consistência de uma calda rala.

2 Enquanto isso, coloque os ovos em uma tigela e bata com um garfo. Acrescente o leite e misture novamente, até incorporar.

3 Despeje a mistura de ovos na calda e cozinhe, sem mexer, por 30 minutos, ou até que os ovos comecem a cozinhar e aglutinar. A partir daí, mexa com uma colher, desmanchando em pedacinhos menores. Depois de cozido, acrescente os cravos, misture e transfira para um pote de vidro esterilizado. Deixe esfriar. Conserve o pote tampado e em local seco e arejado.

4 Prepare as maçãs. Corte uma fatia no topo de cada uma com mais ou menos 2 cm de espessura, reservando-as. Com uma colher pequena, retire o miolo, formando uma cavidade. Faça um corte na casca, ao redor do topo da maçã, para evitar que a fruta se rompa.

5 Preaqueça o forno a 180 °C.

6 Arrume as maçãs em uma assadeira untada com um pouco de manteiga.

7 Misture a ambrosia pronta e a castanha de caju e preencha a cavidade das maçãs com essa mistura, apertando bem. Regue com um pouco do suco de laranja e cubra com os topos de maçã reservados.

8 Leve para assar em forno preaquecido por 25 minutos, ou até dourar. Se preciso, regue com mais suco de laranja. Sirva quente ou morno, acompanhado de sorvete de creme ou chantili.

PARA ADOÇAR O PALADAR

Torta de yacon e maçã

Esta torta é muito prática e bastante saborosa. A yacon é da família das batatas, mas seu sabor e sua textura lembram os da pera. Aqui ela se combina com a maçã para deixar esta falsa torta mais crocante e nutritiva. Costumo usar leite vegetal (veja as ótimas opções na página 18), mas a receita também dá certo com o leite de vaca.

Rendimento: 12 porções | **Tempo de preparo:** 1h30

3 ovos

1 xícara (chá) de leite vegetal (p. 18)

2 colheres (sopa) de açúcar demerara

2 colheres (sopa) de melaço

2 colheres (sopa) de óleo de coco

400 g de batata yacon ralada no ralo grosso

1 maçã vermelha pequena ralada

1 xícara de coco ralado fresco

10 tâmaras sem caroço picadas

2 colheres (sopa) de açúcar mascavo

¼ de colher (chá) de canela em pó

manteiga para untar

farinha de arroz para polvilhar

1 Coloque os ovos e o leite em uma tigela grande e bata ligeiramente. Acrescente o açúcar demerara, o melaço e o óleo de coco (se estiver solidificado, aqueça por alguns minutos em banho-maria ou no micro-ondas e espere esfriar antes de usar). Misture bem até incorporar.

2 Junte a yacon, a maçã, o coco e a tâmara e mexa. Acrescente o açúcar e a canela e misture bem.

3 Preaqueça o forno a 160 °C.

4 Unte uma fôrma refratária grande com manteiga e polvilhe a farinha de arroz. Coloque a mistura de yacon na fôrma, sem encher muito.

5 Leve para assar no forno preaquecido por 50 minutos, ou até quase secar e dourar em cima.

6 Sirva quente, acompanhado de sorvete de creme ou pistache.

PARA ADOÇAR O PALADAR | 181

Sagu de chia com creme de amêndoas

Gosto de criar versões contemporâneas para os clássicos. No sul do país, onde nasci e fui criado, o sagu é uma sobremesa bastante popular. Assim, imaginei uma releitura desse doce tão tradicional usando chia, uma semente que absorve perfeitamente o suco de fruta e se transforma em pequenas pérolas de sabor.

Rendimento: 6 porções | **Tempo de preparo:** 20 minutos

Para o sagu

2 xícaras de suco de uva integral

5 colheres (sopa) de chia

3 colheres (sopa) de açúcar demerara

2 colheres (sopa) de água filtrada

½ colher (chá) de gengibre ralado

raspas da casca de 1 laranja orgânica

uma pitada de canela em pó

uma pitada de cravo em pó

Para o creme

1½ xícara (chá) de leite de amêndoas (p. 18)

1 colher (sopa) de açúcar demerara

2 colheres (sopa) de semolina

1 colher (sopa) de creme de leite de soja

1 Comece pelo sagu. Coloque todos os ingredientes em uma tigela e misture bem. Leve à geladeira por pelo menos 8 horas para hidratar a chia e encorpar.

2 Para fazer o creme, coloque o leite de amêndoas em uma panela, junte o açúcar, a semolina e misture bem. Aqueça em banho-maria no fogo baixo, mexendo sempre, e cozinhe por 10 minutos ou até engrossar. Desligue e retire do fogo. Misture o creme de leite e deixe esfriar.

3 Divida o sagu em taças individuais e coloque uma colherada do creme por cima. Leve para gelar por 1 hora antes de servir. Se quiser, decore com raspas de laranja e folhas de hortelã.

PARA ADOÇAR O PALADAR

Tapioca com goiabada ao creme de cupuaçu e manga

É possível comprar a goma de tapioca pronta, principalmente em regiões do país onde esse prato é bastante comum, como no Nordeste. Para o creme, você pode recorrer às polpas congeladas, se as frutas não estiverem na época.

Rendimento: 5 porções | **Tempo de preparo:** 30 minutos

Para a tapioca
250 g de goma de tapioca pronta

Para o recheio
2 xícaras de goiabada cremosa

Para o creme
1 manga-rosa pequena sem casca, cortada em cubos

¼ de xícara de água

½ xícara de açúcar demerara

½ xícara de polpa de cupuaçu congelada

mel de jataí de Guaraqueçaba, de tubuna ou mel de acácia para acompanhar

1 Comece pelo creme. Coloque no liquidificador a manga, a água e o açúcar e bata até obter um creme grosso. Transfira para uma panela e acrescente a polpa de cupuaçu já descongelada e o açúcar demerara. Leve ao fogo baixo e cozinhe por 20 minutos, mexendo sempre para não grudar. Desligue o fogo e reserve.

2 Aqueça uma frigideira antiaderente. Coloque umas 4 colheradas da tapioca peneirada e alise com as costas da colher até cobrir todo o fundo da frigideira. Aqueça por 1 minuto, até que os grãos se aglutinem e formem uma espécie de panqueca. Vire e cozinhe por mais 1 minuto, dourando levemente.

3 Ainda com a tapioca no fogo, despeje uma colherada de goiabada, formando uma tira no centro. Dobre as bordas em direção ao meio, formando um rolinho. Sirva imediatamente, acompanhado do creme de cupuaçu e manga morno e um fio de mel por cima.

PARA ADOÇAR O PALADAR | 185

Biscoitos nevados

Gosto de preparar estes biscoitos e servi-los com café coado na hora ou com o cappuccino de cevada da página 50. É ótima a sensação de fazer o próprio biscoito em vez de comprar uma versão industrializada repleta de conservantes.

Rendimento: 15 unidades | **Tempo de preparo:** 1h30

2½ xícaras de avelãs

5 colheres (sopa) de açúcar mascavo

½ colher (chá) de canela em pó

½ colher (chá) de raspas de casca de limão

½ colher (chá) de raspas de casca de laranja

1 clara

1 colher (sopa) de essência de amêndoas

1 Bata as avelãs no processador, até obter uma farofa. Transfira para uma tigela, junte o açúcar, a canela em pó e as raspas cítricas e misture.

2 Em outra tigelinha, bata a clara em neve até obter picos firmes. Acrescente à mistura de castanhas e junte a essência de amêndoas. Misture delicadamente com uma espátula, fazendo movimentos circulares de baixo para cima para manter a massa aerada. Cubra com filme de PVC e leve à geladeira para descansar por 1 hora.

3 Passado esse tempo, preaqueça o forno a 170 °C.

4 Abra a massa entre dois pedaços de plástico grosso até ficar com 0,5 cm de espessura. Retire o plástico de cima e use um cortador para fazer os biscoitinhos. Arrume-os sobre uma folha de silicone própria para biscoitos ou em uma assadeira untada.

5 Leve para assar por 10 minutos, ou até dourar. Fique de olho, pois estes biscoitinhos assam bem rápido.

Se quiser incrementar a receita, faça com o dedo pequenas cavidades no centro dos biscoitinhos. Depois de assados, coloque um pouco de geleia nessas cavidades e deixe esfriar. Para esta foto, usei geleia de hibisco, fica uma delícia!

PARA ADOÇAR O PALADAR

Miniarroz doce de rapadura e doce de leite mineiro

O miniarroz que uso nesta receita é produzido com o apoio do projeto Retratos do Gosto, parceria de pequenos produtores agrícolas, o chef de cozinha Alex Atala e uma empresa cuja meta é promover o cultivo de produtos desconhecidos do grande mercado. Com aroma suave e sabor levemente floral, é o ingrediente perfeito para esta sobremesa.

Rendimento: 5 porções | **Tempo de preparo:** 40 minutos

3 xícaras de leite de castanha-do-pará, mais um pouco se necessário (p. 18)

120 g de rapadura

1 pau de canela

uma pitada de sal

½ colher (sopa) de ghee

½ fava tonka ou fava de baunilha

uma rodela de casca de limão-siciliano ou limão-taiti

½ xícara de miniarroz

¾ de xícara de creme de arroz

canela em pó a gosto

doce de leite para acompanhar

1 Em uma panela de fundo grosso, coloque o leite, a rapadura, a canela, o sal e o ghee. Misture e leve ao fogo baixo para aquecer.

2 Corte a fava de baunilha no sentido do comprimento, raspe as sementes e adicione ao leite, junto com a casca de limão. Acrescente o miniarroz e cozinhe com a panela semitampada por 25 minutos, mexendo nos minutos finais para não grudar no fundo. Se necessário, adicione mais leite quente. Desligue o fogo.

3 Retire a casca de limão e o pau de canela. Junte o creme de arroz e misture. Sirva em tigelinhas individuais, polvilhado com canela em pó e acompanhado de doce de leite.

Além do doce de leite, um bom doce de banana também casa muito bem com esta sobremesa. Prefira a versão orgânica, que resguarda toda a doçura natural da fruta.

PARA ADOÇAR O PALADAR | 189

Bolo de fubá e erva-doce

O melhor fubá para ser usado nesta receita é o chamado fubá mimoso, que é mais fino e resulta em um bolo mais leve. Já existe também o fubá branco, feito por pequenos produtores para o projeto Retratos do Gosto, que mencionei na página 188. Se você não encontrar nenhum deles, use o fubá comum, mas peneire-o antes de adicionar à massa. E experimente servir o bolo com geleia de laranja ou de mimosa, fica ótimo!

Rendimento: 4 unidades | **Tempo de preparo:** 50 minutos

3¾ xícaras de açúcar

4 ovos caipiras

2 colheres (sopa) de ghee derretido

½ xícara de mel de flor de laranjeira

3½ xícaras de leite

1½ xícara de leite de coco (p. 18)

2¼ xícaras de fubá fino

½ xícara de fécula de batata

2 colheres (sopa) de fermento químico em pó

2¼ xícara de coco ralado fresco

1¼ xícara de queijo parmesão ralado

1 xícara de mandioca ralada

1 colher (chá) de sementes de erva-doce

manteiga para untar

farinha de trigo para polvilhar

1 Preaqueça o forno a 180 °C. Unte quatro fôrmas para bolo inglês de 12,5 x 30 cm com manteiga e polvilhe farinha de trigo. Se preferir, utilize forminhas individuais de furo no meio.

2 Em uma tigela grande, coloque o açúcar e os ovos e bata com um fouet (batedor manual) até obter um creme pálido e fofo. Acrescente o ghee e o mel e bata novamente. Em outra tigela, misture os dois tipos de leite e dissolva o fubá e a fécula de batata. Despeje na tigela com o açúcar e os ovos e misture à mão. Adicione então o fermento, o coco e o queijo ralados, a mandioca e a erva-doce. Misture para incorporar tudo.

3 Transfira a massa para as fôrmas preparadas e leve ao forno preaquecido por 30 minutos, até dourar. Desligue o forno e espere pelo menos 10 minutos antes de desenformar.

PARA ADOÇAR O PALADAR | 191

Salada de frutas assadas com coalhada de capim-cidreira

Esta sobremesa é ideal para os dias frios, quando a gente não tem muito ânimo de comer uma salada de frutas geladinha, por mais frescas e apetitosas que as frutas aparentem. Procure cortar as frutas mais ou menos do mesmo tamanho, para que assem por igual. Aqui dou a receita de uma coalhada aromatizada para acompanhar, mas também fica ótimo com creme de leite fresco batido com baunilha.

Rendimento: 8 porções | **Tempo de preparo:** 1h15

Para as frutas

1 manga-rosa média picada

1 kiwi picado

1 tangerina sem casca e sem sementes picada

1 rodela de abacaxi picada

1 carambola madura pequena fatiada

5 morangos fatiados

1 pera picada

1 fruta-do-conde sem sementes picada

8 tâmaras picadas

½ mamão formosa pequeno cortado em cubos

10 butiás ou nêsperas picados

3 colheres (sopa) de açúcar mascavo

2 colheres (sopa) de hortelã picada

Para a coalhada

150 g de coalhada fresca

3 gemas

3 colheres (sopa) de xarope de bordo

1 colher (sopa) de noz-moscada ralada

2 talos de capim-cidreira

1 Preaqueça o forno a 180 °C.

2 Coloque todas as frutas em uma tigela, acrescente o açúcar e a hortelã e misture delicadamente. Reserve.

3 Para fazer a coalhada, coloque todos os ingredientes no liquidificador e bata bem até obter um creme.

4 Divida a fruta picada em ramequins ou em forminhas refratárias individuais e espalhe a coalhada por cima. Cubra com papel-alumínio e leve para assar em forno preaquecido por 1 hora. Sirva em seguida.

PARA ADOÇAR O PALADAR | 193

Canjica à moda tailandesa

Esta sobremesa é uma de minhas preferidas. É realmente uma comida para a alma, comfort food que me faz lembrar o calor das festas juninas. Aqui fiz uma releitura com inspiração thai. O leite de coco tailandês é encontrado em lojas de produtos orientais e especiarias.

Rendimento: 8 porções | **Tempo de preparo:** 1h30

500 ml de leite de coco tailandês

150 g de açúcar de palma

½ colher (chá) de gengibre ralado

½ pimenta dedo-de-moça sem sementes picada

½ colher (sopa) de curry em pó

3 anises-estrelados

2 talos de capim-santo

4 bagas de cardamomo moídas

1 colher (chá) de óleo de gergelim natural

½ xícara de canjica branca cozida

2 bananas-da-terra cortadas em rodelas

1 Leve uma panela média ao fogo baixo e aqueça o leite de coco e o açúcar até derreter. Junte os demais ingredientes, exceto a canjica e a banana, e mexa sempre até ferver. Cozinhe por 8 minutos para engrossar e desligue.

2 Desligue e coe, descartando as especiarias. Leve de volta ao fogo, junte a canjica e a banana deixe ferver novamente, cozinhando por mais 4 minutos.

3 Sirva em porções individuais e decore com pétalas de flores comestíveis ou colheradas de sua geleia favorita.

Para preparar a canjica, deixe os grãos de molho por no mínimo 2 horas em água filtrada. Escorra, descarte a água e transfira para a panela de pressão. Cubra com água fria e feche a panela. Cozinhe por 1 hora em fogo baixo, contada depois que a panela começar a chiar.

Creme queimado de mexerica

Mimosa, clementina, mexerica, bergamota... Não importa o nome, acho difícil ficar indiferente a essa fruta tão perfumada e tão comum no Brasil. Criei esta sobremesa por acaso, ao olhar através da janela de minha casa de campo e me deparar com um pé carregado dessas pequenas joias alaranjadas. Eu estava preparando um crème brûlée e achei que seria uma ótima oportunidade de tropicalizar uma receita tão francesa.

Rendimento: 8 porções | **Tempo de preparo:** 50 minutos

1 litro de creme de leite de soja

5 bagas de cardamomo

8 gemas peneiradas

1 xícara de açúcar demerara, mais um pouco para polvilhar

suco e raspas da casca de 2 mexericas orgânicas

1 mexerica sem casca, pele, miolo e sementes picada

1 Preaqueça o forno a 160 °C. Coloque uma assadeira grande no forno e encha com água até pouco menos da metade da altura, em preparação para o banho-maria.

2 Coloque o creme de leite e o cardamomo em uma leiteira e aqueça em fogo baixo, sem ferver. Reserve até amornar.

3 Na tigela da batedeira, coloque as gemas e o açúcar e bata até dobrar de volume. Acrescente o suco e as raspas de mexerica e misture com uma espátula para incorporar bem. Despeje aos poucos o leite aromatizado com cardamomo, mexendo sempre. Acrescente a mexerica picada.

4 Distribua o creme entre ramequins pequenos ou forminhas refratárias e coloque-as com cuidado na assadeira preparada para o banho-maria. Asse por 25 a 30 minutos, completando com mais água caso necessário. Deixe amornar antes de levar à geladeira por cerca de 4 horas.

5 Na hora de servir, polvilhe o açúcar por cima e queime com o maçarico até caramelizar o açúcar. Caso você não tenha um maçarico culinário, esquente com cuidado as costas de uma colher de metal na chama do fogão e queime o açúcar aos poucos.

PARA ADOÇAR O PALADAR

Sorbet de abacaxi

Ideal para limpar o paladar para um novo prato em refeições com várias etapas, este sorbet vai encantar seus convidados com sua refrescância.

Rendimento: 10 porções | **Tempo de preparo:** 30 minutos

2⅓ xícaras de água

125 g de açúcar demerara

1 abacaxi pérola grande e maduro

1 clara batida em neve

15 folhas de hortelã lavadas e picadas

1   Em uma panela, aqueça a água e dissolva o açúcar, deixando ferver por uns 2 minutos.

2   Retire a casca e o miolo do abacaxi, pique-o e bata no liquidificador com a calda de açúcar quente, até formar um purê. Quando a mistura esfriar, despeje-a numa recipiente raso com borda e espere começar a firmar.

3   Em seguida, agregue a clara em neve e leve ao congelador até endurecer completamente.

4   Uns 10 minutos antes de servir, retire o sorbet do congelador e bata-o ligeiramente com um fouet (batedor manual) para torná-lo leve. Sirva decorado com as folhas picadas de hortelã.

índice remissivo

Salgados

Batatinhas com alecrim e salsa de tomate 94

Bifum com ervas brasileiras e farofa de farinha-
-d'água 100

Broinhas de fubá 105

Brotos ao perfume de limão-cravo 22

Bruschetta de cogumelos e alcachofra 80

Caldo de legumes 17

Caldo verde com raiz-forte 54

Calzone de taioba, cogumelo e pupunha 132

Canjiquinha 57

Ceviche de legumes ao leite de coco 24

Chipa 88

Churrasco de cebola recheada com purê de ervilha
e limão-cravo 87

Conserva de legumes 14

Consomê de beterraba e mandioquinha 68

Coração de alface grelhado com vinagrete de alho 26

Couve-de-bruxelas com gengibre e mel de jataí 91

Couve-flor à indiana 98

Coxinha de tofu defumado com musseline de
inhame 84

Cozido vegano 73

Creme de milho verde com pupunha 61

Crepe de beterraba com beldroega ao molho quente
de cebola 110

Cuscuz paulista 126

Dijonaise de alho-poró 34

Escondidinho de mangarito com folhas de
beterraba 120

Farofa de erva-mate 143

Favas ensopadas com espinafre 66

Feijão-tropeiro 130

Feijoada de algas e biomassa com farofa de couve 75

Flã de ricota com tapenade 104

Galette cremosa de berinjela e abobrinha grelhada 108

Granola salgada 15

Hambúrguer de cogumelos em crosta de
farinha de mandioca com homus de cenoura 134

Maionese de açafrão e curry 37

Maionese simples 38

Mandioca com pinhão e castanha de caju 69

Mix de folhas com queijo coalho e abobrinha 33

Molho de abacaxi e hortelã 36

Molho de limão e canela 16

Molho de manga-rosa 38

Molho de rúcula e raiz-forte 36

Moqueca de pupunha e banana-da-terra 124

Nhoque assado de aipim com pesto de ervilha
e limão-siciliano 136

Nuvem de alho-poró 102

Ossobuco de pupunha com tutano de alcachofra 114

Ovo mexido com ora-pro-nóbis e pimenta biquinho 122

Paella de painço, grãos e legumes 71

Pastelzinho de pizza 83

Polenta grelhada com ragu de lentilhas e
gorgonzola 128

Quenelle de pinhão em consomê de tomate 112

Quinoa negra com frutas e flores 29

Risoto negro na burrata 148

Rocambole de queijo coalho e abóbora-menina 147

Rolinhos de berinjela com ragu de lentilha vermelha 92

Salada Istrana 30

Shitake assado com homus e tomate seco 97

Sopa de berinjela com trigo-sarraceno
e creme azedo 65

Sopa de grão-de-bico com castanha de baru 64

Sopa de legumes com aveia 62

Sopa de tomate com abóbora, laranja e menta 58

Suflê de quirerinha 144

Surpresa de cogumelos e folhas de cenoura 138

Terrina de milho, tomate, abobrinha e pimentão 116

Torre de legumes assados 118

Tortinha de milho e alho-poró 140

Vinagrete de chimichurri 35

Vinagrete de melaço e romã 39

Doces

Abacaxi assado com anis ao molho de banana 176

Arancino doce de pinhão 160

Beijinho de damasco e maçã verde 158

Biscoitos nevados 187

Bolo de fubá e erva-doce 191

Canjica à moda tailandesa 194

Creme de abacate com leite de coco e morango 175

Creme queimado de mexerica 195

Elogio ao caju 152

Maçã assada recheada com ambrosia e castanha
de caju 178

Manjar de coco com calda de ameixa-preta 162

Marinada doce de maracujá e mascarpone 155

Miniarroz doce de rapadura e doce de leite mineiro 188

Musse de abacate e cacau em pó 168

Pavê de doce de leite e castanhas 167

Sagu de chia com creme de amêndoas 183

Salada de frutas assadas com coalhada de
capim-cidreira 192

Sopa gelada de poncã e caqui 172

Sorbet de abacaxi 196

Sorvete de açaí com crumble de amendoim
e rapadura 171

Tapioca com goiabada ao creme de cupuaçu
e manga 184

Torta de yacon e maçã 180

Trouxinha recheada com geleia de figo e de maná
cubiu 165

Trufa de tâmara e yacon 159

Bebidas

Água de chimarrão com flor de laranjeira 46

Água de rosas 45

Água de tangerina e frutas vermelhas 47

Cappuccino de cevada 50

Frutas amarelas 44

Frutas vermelhas 44

Leite vegetal 18

Smoothie de frutas tropicais 49

Suco detox 48

Copyright © 2015 Reinhard Pfeiffer
Copyright desta edição © 2015 Alaúde Editorial Ltda.

Todos os direitos reservados. Nenhuma parte desta edição pode ser utilizada ou reproduzida – em qualquer meio ou forma, seja mecânico ou eletrônico –, nem apropriada ou estocada em sistema de banco de dados sem a expressa autorização da editora.

O texto deste livro foi fixado conforme o acordo ortográfico vigente no Brasil desde 1º de janeiro de 2009.

Edição das receitas
Walter Sagardoy

Revisão
Mariana Zanini, Claudia Vilas Gomes

Capa e projeto gráfico
Rodrigo Frazão

Fotografias
Georgia Zeringota

Impressão e acabamento
Ipsis Gráfica e Editora

1ª edição, 2015
Impresso no Brasil

2015
Alaúde Editorial Ltda.
Rua Hildebrando Thomaz de Carvalho, 60
04012-120, São Paulo, SP
Tel.: (11) 5572-9474
www.alaude.com.br

Dados Internacionais de Catalogação na Publicação (CIP)
(Câmara Brasileira do Livro, SP, Brasil)

Pfeiffer, Reinhard
   Brasilidades : comida reconfortante com um toque de chef / Reinhard Pfeiffer ; fotos de Georgia Zeringota. -- São Paulo : Alaúde Editorial, 2014.

   ISBN 978-85-7881-255-3

   1. Culinária brasileira 2. Receitas I. Zeringota, Georgia. II. Título.

14-09067   CDD: 641.5981

Índices para catálogo sistemático:
1. Receitas: Culinária brasileira: Economia doméstica 641.5981

Compartilhe a sua opinião sobre este livro usando a hashtag
#Brasilidades
nas nossas redes sociais:

 EditoraAlaude
 EditoraAlaude
AlaudeEditora